中青年经济学家文库

福建省社会科学规划基金资助项目（FJ2016C144）

生产者服务业对制造业的影响效应

——理论机制及基于中国的经验研究

李虹静　著

中国财经出版传媒集团

经济科学出版社

Economic Science Press

图书在版编目（CIP）数据

生产者服务业对制造业的影响效应：理论机制及基于
中国的经验研究/李虹静著．—北京：经济科学出版社，
2018.7

ISBN 978 - 7 - 5141 - 9593 - 4

Ⅰ．①生…　Ⅱ．①李…　Ⅲ．①服务业 - 影响 - 制造
工业 - 研究 - 中国　Ⅳ．①F426.4

中国版本图书馆 CIP 数据核字（2018）第 176518 号

责任编辑：刘　莎
责任校对：王肖楠
责任印制：邱　天

生产者服务业对制造业的影响效应
——理论机制及基于中国的经验研究
李虹静　著
经济科学出版社出版、发行　新华书店经销
社址：北京市海淀区阜成路甲 28 号　邮编：100142
总编部电话：010 - 88191217　发行部电话：010 - 88191522
网址：www. esp. com. cn
电子邮件：esp@ esp. com. cn
天猫网店：经济科学出版社旗舰店
网址：http://jjkxcbs. tmall. com
固安华明印业有限公司印装
710×1000　16 开　12.25 印张　200000 字
2018 年 7 月第 1 版　2018 年 7 月第 1 次印刷
ISBN 978 - 7 - 5141 - 9593 - 4　定价：42.00 元
（图书出现印装问题，本社负责调换。电话：010 - 88191510）
（版权所有　侵权必究　打击盗版　举报热线：010 - 88191661
QQ：2242791300　营销中心电话：010 - 88191537
电子邮箱：dbts@ esp. com. cn）

前　　言

改革开放以来，中国制造业经历了举世瞩目的高速发展期，如今中国制造业已经步入高成本时代，劳动力成本优势弱化、产能过剩、缺乏核心技术等问题日益凸显，这些问题严重制约了我国制造业进一步发展的空间。与此同时，中国服务业发展也遭遇瓶颈。虽然从纵向来看，服务业一直在持续稳步增长，截至 2016 年，服务业增加值占国内生产总值比重增长至 51.6%，但是，横向比较可知，这一发展水平远低于发达国家，甚至低于 60% 以上的全球平均水平。制造业发展的诸多弊端导致服务业尤其是生产者服务业缺乏良好的制造业需求市场作为支撑，从而限制了服务业的发展，而服务业发展的滞后性又使制造业向产业链高端攀升乏力，中国制造业与服务业发展相互掣肘。

但是，从发达国家的经验可以看出制造业自身的"服务化"与制造业服务外包这一"外部化"过程也已成为了制造业发展过程中并行不悖的两大趋势。制造业为了提升竞争优势，逐步将产业链以制造为核心向以服务为核心转变，例如，通用公司、IBM 公司等一些世界级制造企业纷纷通过业务转型和服务模式创新提升竞争力（刘斌等，2016）。鉴于服务业尤其是生产者服务业与制造业之间的关系变得愈加密切，并且呈现出融合互促的发展态势，在研究产业发展问题时，孤立地探讨某一产业的结构优化和转型升级已经不合时宜，因此，相关研究在探索制造业向全球价值链攀升以及经济服务化路径时，往往以制造业和服务业的产业互动性为切入点。可以说，制造业与服务业尤其是与生产者服务业之间的互动关系已经成为学术领域关注的焦点问题之一。

2015 年《政府工作报告》中首次提出实施"中国制造 2025"，报告中强调制造业是国民经济的主体，是立国之本、兴国之器、强国之基，没有强大的制造业，就没有国家和民族的强盛。打造具有国际竞争力的制造业，是我国提升综合国力、保障国家安全、建设世界强国的必由之路。因此，我们应当坚持创新驱动、智能转型、强化基础、绿色发展，加快从制造大国转向制造强国。而这离不开制造业的智能化、信息化以及服务化。鉴于此，本书将以制造业与服务业间紧密的产业关联性为切入点，探讨中国制造业与服务业特别是生产者服务业的产业互动机制及互动效果。在理论研究方面，首先探讨了封闭情形下生产者服务业对制造业的影响机制，其次，进一步探讨了开放经济条件下生产者服务贸易对制造业及其出口贸易的作用机制。在经验研究方面，基于中国投入产出数据、工业企业数据库以及相关的贸易数据等，综合利用多种数量分析方法，如投入产出子系统模型（IO子系统模型）、投入产出结构分解分析（IO-SDA），从不同角度、分层次探讨了生产者服务业对中国制造业的影响效应。并在此基础上，将投入产出分析与计量回归模型相结合，进一步考察进口和国产的生产者服务对制造业全要素生产率以及出口贸易竞争力的影响效应。

本书共分为9章。第1章为绪论，内容包括选题背景和研究意义，问题的提出，基本概念和相关研究对象的界定，研究思路和研究方法。

第2章为文献综述，从理论和经验研究两个方面梳理了国内外相关的研究成果，系统介绍并提供了生产者服务业、制造业以及贸易三者之间关系在已有文献中的理论描述和经验证据，并对现有研究进行了简要评述。

第3章是对已有理论模型的梳理和拓展，分析了生产者服务业对制造业的作用机制，并且在此基础上，由封闭系统拓展到开放系统，进一步考察生产者服务贸易对制造业及其出口贸易的影响机制。

第4~8章为经验研究部分。第4~6章利用进口非竞争型投入产出表，剔除了进口因素的作用，从不同角度考察了生产者服务业对中国制造业的影响。第7章和第8章则专门考察了进口和国产的生产者服务对中国制造业全要素生产率和出口贸易竞争力的影响。

第4章笔者利用投入产出结构分解技术，考察了2002~2007年间影响我国制造业增加值增长的主要驱动因素。笔者将影响制造业发展的因素分解为15个因素，其中，重点考察了制造业与服务业中间投入结构变动因素（书中用 E(MS，C) 表示），因为该因素涵盖了制造业与服务业的相互需求关系，尤其是制造业对生产者服务的中间投入变动情况。研究发现：近年来，制造业与服务业中间投入结构的变动即 E(MS，C)，对制造业增加值的增长具有显著的负贡献，而这很可能是由于 2002～2007 年间，制造业的生产者服务投入占比下降所致。

第 5 章首先利用投入产出子系统模型考察服务业与制造业之间的总量需求关系，其次，通过利用具有强度特征的敏感度分析，识别出最能有效带动制造业发展的服务部门以及与之相关的生产交易活动。这两个部分均从服务供给和服务需求两个方面展开。从服务需求的角度看，制造业是服务业的中间产品提供方，考察的是服务业对制造业的需求量，以及服务需求对制造业的产业拉动效应；从服务供给的角度看，服务业是制造业的中间产品提供方，考察的是制造业的生产者服务需求量，以及生产者服务对制造业的产业拉动效应。研究结果表明：相较于劳动、资本密集型制造业，生产者服务业对技术密集型制造业具有更为显著的相关性和产业拉动作用；与此同时，2002～2007 年间，生产者服务业对制造业的产业拉动作用下降趋势明显；相较于"直接效应"，生产者服务业对制造业的"间接效应"占主导，这说明目前我国生产者服务业对制造业的积极影响还仅仅是体现为产业之间相互需求引致的间接拉动效应，理论意义上的生产者服务业直接促进制造业效率提升的有效机制还有待提升。

第 6 章基于历年的投入产出数据以及服务、货物贸易统计数据，通过联系指数、直接消耗系数、完全需求系数及出口诱发系数，考察了我国经济整体的生产迂回度，进一步探讨了生产者服务在制造业生产中所扮演的角色，特别关注服务的间接出口。最后结合基本计量模型分析了生产者服务部门开放度与制造业出口模式之间的关系。结果表明：服务业开放度水平的提高对我国制造业整体出口具有积极影响，但是，对服务化程度最高的资本密集型制造业影响则不显著，一些生产者服务部门的进口，如科研及综合技术服务的开放甚至不利于制造业产品的出口。

第 7 章结合投入产出分析和计量回归模型，进一步将生产者服务从来源上进行区分，考察了进口和国产的生产者服务对中国制造业全要素生产率的影响，结果表明：国产生产者服务对制造业全要素生产率的影响效应不显著，进口生产者服务则有利于制造业全要素生产率的提高，并且对不同类型制造业的影响具有一定的差异性。

第8章与第7章具有类似的数据基础和模型方法，考察了进口和国产的生产者服务对中国制造业出口贸易竞争力的影响效应。首先，构建理论模型分析生产者服务特别是进口生产者服务对制造业出口贸易的影响机制，其次验证国产和进口生产者服务对中国制造业出口贸易的影响。研究发现：国产生产者服务的影响效应依旧不显著，而进口生产者服务则会导致中国制造业出口贸易竞争力的下降，根据相关理论命题推断，而这很可能是由于进口生产者服务被更多地用于非制造业部门的生产。同时，也有可能是由于我国以加工贸易为主导的贸易模式所致。

第9章是根据理论以及经验研究得出的结论，本书认为中国生产者服务业与制造业之间并未形成良性互动发展，制造业生产者服务投入不足限制了生产者服务业对制造业积极作用机制的发挥，作为生产者服务的重要需求方，制造业的服务需求不足又限制了生产者服务业的发展。因此，在制定相应的产业政策、贸易政策时应当充分考虑生产者服务业与制造业之间的产业融合发展趋势，以促进服务业与制造业的良性互动发展。此外，还应当充分考虑国产与进口服务，生产者服务与其他服务在促进制造业整体以及不同类型制造业竞争力提高方面的差异性，从而避免不同政策的内在矛盾或者政策效果的相互抵消。最后，还提出了该领域研究未来可以进一步拓展的方向。

需要说明的是由于时间及作者水平所限，书中难免有疏漏和不足之处，恳请各位读者不吝指正。

目　　录

第 1 章

导 论

1.1
研究背景与意义

    制造业作为一国经济发展的重要支柱和经济跨越的依托一向被各国所重视，18 世纪中叶开启工业文明以来，世界强国的兴衰史和中华民族的奋斗史一再证明，没有强大的制造业，就没有国家和民族的强盛。美国、英国、日本、德国等经济强国无不拥有先进的制造业。[①] 改革开放以来，我国制造业的发展取得了巨大的成就，在劳动力成本低、人口规模大、市场潜力大以及政府的宏观调控等各种因素的相互作用下，中国制造业建成了门类齐全、结构完整的产业体系，并且在国际市场的竞争中已经赢得了"在位优势"（刘林青和谭力文，2006）。我国制造业在全球价值链中的贡献也已显现，"中国制造"的足迹遍布世界各地，"世界工厂"的称谓常常让我们国人引以为豪。

    但是，值得深思的是，在几十年的发展过程中，我国制造业仍是沿着高能耗、高污染、高投入、低效益的轨道发展，与世界先进水平相比，我国制造业在自主创新能力、资源利用效率、产业结构水平、信息化程度、质量效益等方面差距明显，制造业面临着大而不强的窘境，制造业产品虽

---

    ① 以美国为例，据世界银行《2008 世界发展指数》报告数据，2007 年，制造业增加值在美国 GDP 的比重虽然仅为 13%，但是却为美国创造了大量的就业岗位，2007 年，美国制造业提供了超过 2000 万个就业岗位，制造业的工资也远高于其他行业，此外，制造业仍是美国出口的中坚力量，美国制造业的出口占全部出口的 53%，制造业的贸易总额占制造业经济总产值的 37%，相比之下，全部非制造业行业贸易总额只占其总产值的 6%。

然遍布全球，知名品牌却凤毛麟角。在融入全球生产体系的过程中，我国制造业的发展主要依靠承接发达国家制造业产业链低端的加工、装配业务。虽然，委托代工制造作为一项有效率的合作方式，已经成为我国制造企业进入国际价值链体系，参与国际市场的重要途径。但是，价值链上游的研发和下游的市场营销等高附加值环节则主要由发达国家所控制，产品定价权也由发达国家所掌控。2008年，金融危机向实体经济不断蔓延，外部经济不景气致使我国外向型制造企业受到了严重冲击。以美国为主导的贸易保护主义抬头，在奥巴马政府提出的"制造业回归"口号的号召下，耐克、阿迪、通用等制造工厂也纷纷响应，搬回了美国本土，以促进美国经济复苏；继发的主权债务危机致使欧洲经济一度陷入低迷，一蹶不振；日本政府也不得不通过日元的超发和贬值来为不断下滑的日本经济兜底。外需萎靡很大程度上造成了我国外贸增长的萎缩，我国中小型外贸企业陷入了严重的生存危机之中，国家发改委中小企业司的统计数据表明，仅2008年上半年全国就有6.7万家规模以上中小企业倒闭。另外，随着能源、环境以及贸易摩擦等问题的日益突出，委托代工制造业合作形式的产品层次低、技术水平低、进入门槛低和企业利润低等内在劣势逐渐显现出来，"三高一低"的经贸发展模式也逐渐凸显出其不可持续性，我国制造企业在国际市场上步履维艰，缺乏核心技术以及自主知识产权成为了我国制造业发展的一大瓶颈。近几年，我国经济发展步入新常态，产业结构面临着转型、优化的外在压力和内在要求，制造业转型升级迫在眉睫，制造业服务化有待深化，制造业与服务业间的互促、融合机制有待促成。那么，如何才能顺利实现制造业向产业链高端攀升的目标？如何才能发展多样化的服务市场？如何实现制造业与服务业的共生发展？

从发达国家的经验可以看出制造业自身的"服务化"与制造业服务外包这一"外部化"过程也已成为了制造业发展过程中并行不悖的两大趋势（顾乃华，2011）。服务业尤其是生产者服务业与制造业之间的关系也会随之变得愈加密切，并且呈现出融合互促的发展态势。这一发展趋势在学术界也达成了理论共识，制造业与服务业尤其是与生产者服务业之间的互动关系已经成为学术领域关注的焦点。根据价值链理论，利润主要集中在服务环节，生产性服务的投入可以在制造业价值链的上、中、下游发挥作用，提升制造企业的价值增值。从产业链的上游看，生产者服务可以提高企业的组织效率，完善企业的研发创新体系，从价值链的中游看，生产者服务有助于促进企业的生产业态创新并且利用规模经济、范围经济以提升企业核心竞争力，从价值链的下游看，生产者服务通过产品差异化、物流服务、售后服务的优化促进企业价值链的延伸（高传胜和刘志彪，2005；原毅军等，2007）。从国际经济竞争的现实看，企业竞争优势的获得对加工制造环节的依赖性也在逐渐减少，生产者服务活动成为越来越具有战略意义的环节（顾乃华，2011）。例如：对于一个典型的工业企业而言，来自于售后服务和零部件的收入和利润分别占全部收入和利润的25%和40%～50%。在汽车行业中，售后服务和零部件给企业带来将近80%的收入和50%以上的利润，个人电脑和机车行业，只有不到15%的收入来自于产品的销售，而大部分收入来自于售后服务（Dennis and Kambil，2003）。鉴于服务业尤其是生产者服务业[①]与制造业间的紧密联系，在探讨服务业或者制造业发展问题时就不能将二者割裂开来。目前，我国政府已将服务业的发展问题提上了议事日程，并且特别强调制造业的服务化发展。但是，各地方政府依旧延续着"重制造、轻服务"的发展路径，在有限的资源约束下，一方面制造业内部存在着重复建设和资源浪费等突出问题，另一方面制造业的无限制扩张又在某种程度上挤占了服务业的发展空间，即便近年来服务业有所发展，2013年，服务业增加值在国内生产总值中占比首次超过工业，达到了46.7%，2016年这一比重更是达到了51.6%，但是，相较于发达国家70%以上的服务增加值占比而言，我国服务业占比依旧较低，服务业特别是新兴生产者服务与制造业的融合以及互动依然不足（彭水军和李虹静，2014）。无疑要想从根本上解决这一症结，就要将制造业和服务业作为一个密不可分的整体，充分考察和利用二者之间积极的互促作用，从而寻求我国制造业乃至服务业发展的可能契机。伴随着国际制造企业的变革，这也将成为中国制造型企业在全球开疆

---

① 需要指出的是，本书所要研究的是生产者服务业，作为服务业的重要组成部分，生产者服务业的发展在某种程度上就代表了服务业的发展，因为不管是在理论上还是现实中，消费者服务业的作用已被日渐淡化。基于此，同时考虑到行文的流畅性和一般习惯，本书在表述时有时会将"服务业"与"生产者服务业"混用。

拓土的新机遇，可以说目前对于中国制造型企业来说，比缩减成本更重要的，是实现向服务化的转型来走出一条通向差异化和可持续发展的新路。大力发展生产者服务业，充分发挥生产者服务业与制造业之间的产业互动关系，符合《中国制造2025》所提出的产品即服务以及面向个性化定制的柔性生产的制造业内涵，成为了我国制造业转型升级的必经之路。

本书基于产业关联的视角，以制造业与生产者服务业的产业互动关系为切入点，探讨制造业的跨越发展问题。这是由于，伴随着一国经济的发展和三次产业结构的调整，"服务经济"成为了各国经济发展的主流趋势，服务业尤其是生产者服务业与制造业之间的关系也会随之变得愈加密切，并引发了理论和实践工作者的极大关注，主要体现在以下几个方面：

第一，从国际经济竞争的现实看，企业竞争优势的获得对加工制造环节的依赖性在逐渐减少，对于企业而言，生产者服务活动正在成为越来越具有战略意义的环节（顾乃华，2011）。

第二，从世界制造业的发展进程来看，制造业自身的"服务化"与制造业服务外包这一"外部化"过程也已成为了制造业发展过程中并行不悖的两大趋势，这主要体现为：一方面制造业生产过程所需的中间服务投入增加；另一方面制造业将越来越多的原本由自身内部从事的服务活动外包给专业的服务提供方。

第三，从理论上，生产者服务业原本就脱胎于制造业，服务于制造业，并且依存于制造业（Cohen，1987；Bhagwati，1984；Guerrieri and Meliciani，2005），而制造业的可持续发展更是离不开生产者服务业的依存与辅助（Daniels，1989；Riddle，1986；Francois，1990）。从发展趋势来看，服务业尤其是生产者服务业与制造业最终将进入一个高度相关且双向互动的阶段，两者之间是一种唇齿相依的双向互动关系，更是一种典型的共生关系（刘戒娇，2002；郑吉昌和夏晴，2004；胡晓鹏和李庆科，2009）。

1.2

问题的提出

理论上，生产者服务业与制造业通过怎样的机制互动？在开放经济条件下，生产者服务的贸易对制造业本身及其出口贸易又会带来哪些影响？

实践中，我国生产者服务业与制造业表现出怎样的相互需求关系？作为一种高级投入要素，生产者服务是否发挥了对制造业的产业拉动作用。我国制造业所使用的生产者服务有多少是来自于进口，又有多少是由本土服务企业提供？进口和国产的生产者服务对制造业整体乃至不同类型制造业的全要素生产率具有怎样的影响？进口和国产的生产者服务对制造业出口贸易竞争力又是否具有积极的影响效应？对于不同类型的制造业，进口和国产生产者服务的影响效应是否具有差异性？

以上这些都是本书所要探讨和试图解答的问题。一方面，笔者将在理论上探讨生产者服务业与制造业、生产者服务贸易与制造业贸易之间的相互促进机制。另一方面，在经验研究中，首先将基于投入产出分析框架下的结构分解分析（structural decomposition analysis，SDA）、投入产出子系统模型（IO - subsystem model）和敏感度分析（sensitivity analysis）等研究方法，从多视角、多层次探讨中国 2002～2007 年间中国生产者服务业与制造业间的相互需求关系，以及生产者服务业对制造业的产业拉动效应，其次本书综合利用我国的投入产出数据、海关进出口贸易数据、相关产业数据以及中国工业企业数据，将基于投入产出模型构造的联系指数作为解释变量纳入计量回归模型，考察国产和进口的生产者服务对制造业全要素生产率和出口贸易竞争力的影响效应。

1. 3
基本概念及研究对象的界定

1.3.1　基本概念

1. 服务业及其分类

服务业是指生产或提供各种服务的经济部门和各类企业的总和，通常情况下，服务业被等同为第三产业，并且包括除了农业、工业、建筑业之外的所有其他部门。但是，由于两者的侧重点不同，服务业与第三产业的概念又有区别，这主要表现为服务业更多地体现了产业政策，是提供非实物劳动成果各业的总称，其概念更突出前瞻性，强调及时总结趋势以引导产业发展。第三产业则更多地反映为统计口径，其界定采用"剩余法"，表示除第一产业、第二产业以外的其他各业，作为统计口径，第三产业的概念更具稳定性，要求各产业必须有互相不重复且明确的归类。另外，三次产业划分思想的出发点是经济体系的供给分类，暗含着高层次产业的发展单向依赖低层次产业的含义，而服务业同其他产业的区分则以经济系统的需求分类为基础，强调服务业与其他产业的相互依赖关系（黄建中和刘莉，2008）。在通常的表述中，当与第一、第二产业并列时使用"第三产业"，其他情况则可使用"服务业"。服务产品与其他产业产品相比，具有无形性、不可储存性、异质性、生产与消费的同时性等特征。基于不同的研究角度，服务业的具体分类方法也有所不同，大体可以按照以下两类进行划分：

（1）生产者服务业、消费者服务业和公共服务业

生产者服务业的概念是从服务的功能性上加以区分，主要是指被其他商品和服务的生产者用作中间投入的服务。消费者服务业，是指以满足居民消费需求或基本民生要求等最终需求的服务业。公共服务业则是指主要由公共部门提供的服务。

（2）传统服务业、现代服务业

传统服务业，是指运用传统的生产方式经营，并且在工业化以前就已存在的服务业，如住宿、餐饮业等。

现代服务业主要是指以现代科学技术，特别是信息网络技术为支撑，建立在新的商业模式、服务方式和管理方法基础上的服务产业。现代服务业有广义和狭义之分。广义的现代服务业不仅包括随着科学技术发展而产生的新兴服务业，还涵盖了对传统服务业的技术改造和升级。主要包括四个方面：基础服务，包括通信服务和信息服务；生产和市场服务，包括金融、物流、批发、电子商务以及中介和咨询等专业服务；个人消费服务，包括教育、医疗保健、住宿、餐饮、文化娱乐、旅游、房地产、商品零售等；公共服务，包括政府的公共管理服务、基础教育、公共卫生、医疗及

公益性信息服务等。当与新兴服务业并列时，使用狭义的现代服务业概念；此外，都可以使用广义的现代服务业概念。现代服务业有时也被称作新兴服务业，指在工业化发展到一定阶段，出现需求加速增长和大规模消费的服务业，这些行业的收入弹性一般较高。

2. 生产者服务

（1）生产者服务的概念

生产者服务（producer service）又称生产性服务，其概念最早由格林菲尔德（Greenfield，1966）提出，后经布朗宁和辛格曼（Browning and Singleman，1975）深化，目前被普遍接受的是格鲁贝尔和沃克（Grubel and Walker，1993）中提出的定义，即：生产者服务是指那些被其他商品或服务用作中间投入的服务。

（2）生产者服务的概念外延

虽然学术界对于生产者服务的定义已经达成共识，但是各个国家、国际组织以及经济学家对生产者服务概念外延的界定却都有所不同，按照界定方法的不同，大致可以分为两类。

第一类方法是定性的将某些服务部门直接确认为生产者服务部门，如以布朗宁和辛格曼为主的"服务四部门分类法"，他们将服务分为流通服务、生产服务、社会服务与个人服务。其中，生产服务包括金融、保险、房地产和商业服务。显然，这种方法具有一定的片面性，一方面这样直接的界定很有可能会忽略经济发展变化中可能出现的新兴服务部门，另外一方面这样的分类方法并不普遍适用于经济状况具有显著差异性的不同经济体，因此不管是从纵向的时间维度，还是横向的国家维度来看，这样的分类方法均存在很大的局限性。但是，即便如此，在许多经验研究中均采用该分类方法，将事先设定好的几个服务部门作为生产性服务部门，并在此基础上进行研究，程大中（2006）简要提及了基于该方法进行研究的弊端。

第二类方法主要从定量的角度确定生产者服务的概念外延，即基于投入产出表，采用中间需求率这一指标作为界定生产者服务业的依据，中间需求率是指国民经济各产业对某一产业产品的中间需求量（中间使用）

与对该产业产品的总需求量（中间使用＋最终使用）的比值，将中间需求率大于某一临界值的服务业定义为生产者服务业，中间需求率小于该临界值的服务业则归为消费者服务业或其他。不同的学者对于临界值的确认会有所不同，如古德曼和斯蒂德曼（Goodman and Steadman，2000）将中间需求率高于60%的服务部门界定为生产者服务部门；国内学者李冠霖（2002）则将中间需求率高于50%的服务部门界定为生产者服务服务。虽然此方法克服了第一种方法忽略时间和国家维度差异性的问题，但是在选择临界值时也难免存在偏颇。

3. 生产者服务贸易

已有的理论和经验研究文献，并没有依据其功能性对生产者服务贸易的概念进行严格的界定和区分。根据研究内容和框架的不同，生产者服务贸易所涉及的内涵也有所不同。大部分理论模型中，生产者服务被作为一种生产要素，按照服务贸易提供方式的不同，这主要涵盖了服务跨境交付的提供方式，如梅尔文（Melvin，1989）、马库森（Markusen，1989）等。另外，FDI的提供方式也是不可忽视的一个重要方面，如马里维吉克（Marrewijk，1997）、拉夫（Raff，2001）。另外需要说明的是，境外消费和自然人流动由于主要的服务对象是最终消费者而非生产者，且具有个体性和临时性，而往往不纳入生产者服务贸易的讨论范围之内。在经验研究中，一般也是主要考察生产者服务贸易的跨境交付和商业存在形式这两种提供方式，前者主要是以进口贸易为主要的提供形式，后者则主要是以FDI为主要形式。

综合已有的研究，笔者认为，从功能性看，生产者服务的本质是作为中间产品，为生产者提供中间服务，那么根据该定义，生产者服务贸易则可以被认为是中间服务品的贸易，而这里所谓的"中间服务品"功能主要是针对服务的接受国而非提供国而言。例如B国从A国获得某一种服务，B国将其用作中间产品服务于本国的生产，则可将该活动视为B国的生产者服务贸易，而若A国将该服务用作中间产品，而B国则直接用于消费者，则对于B国而言，从A国获得该类服务的贸易则不应当视为B国的生产者服务贸易。

1.3.2　研究对象的界定

在具体的研究中，基于研究方法的不同，学者们会选用不同的角度对生产者服务以及生产者服务贸易进行界定。

大体上，利用计量方法进行研究的文献多是采用直接定性的方法，将一些通常已经被大家直觉上所接受的服务部门直接界定为生产者服务部门，比如：商务服务业、交通运输业、金融业、信息传输计算机服务软件业等，这一方面是基于计量研究方法所限，另一方面也规避了服务部门类型界定、分类模糊的问题，同时还可以直观地将某些服务部门作为所要重点考察的对象。然而，正如程大中（2006）所说，这种人为的划分方式可能导致分析结果的片面性。基于这一点，还有一些研究则是基于投入产出分析框架的文献，此类文献则主要以投入产出表作为研究工具，按照生产者服务的功能性进行定量的界定，即：不对任何服务部门进行直接的界定，只要是被用作中间投入的部分均被视为生产者服务，而用作最终消费的部分则被视为消费者服务，这样做的好处是从生产者服务最本源的定义出发进行界定，从而可以非常客观且准确地区别出任一服务部门发挥生产者服务作用和消费者服务作用的比重。不过，这样的方法虽然反映了经济的真实情况，却使所要考察的服务部门太多且太烦琐而模糊了重点。

本书的经验研究中，第 4 章和第 5 章主要是基于投入产出框架下的分析方法，因此，这两章主要是从前文中的第二个角度来界定生产者服务业的，即不对任何服务部门进行直接的界定，只要是用作中间投入的部分均被视为生产者服务。第 6 章、第 7 章和第 8 章则利用了投入产出和计量回归模型相结合的方法，基于研究的需要，这三章则主要是从前文中的第一个角度，将某些特定的部门直接界定为生产者服务部门。

至于生产者服务贸易，对于我国而言，本书主要考察的是生产者服务的进口贸易，涉及生产者服务的跨境交付提供方式，即生产者服务贸易是指我国从其他国家进口，并作为中间投入品被用于制造业产品生产过程的部分。

1.4

研究思路、基本框架和主要内容

1.4.1 研究思路

本书的研究思路如下：

首先，对现有的关于生产者服务业与制造业互动关系的理论及经验研究文献进行回顾、梳理和总结。在此基础上，进一步提炼出生产者服务业以及生产者服务贸易促进制造业及其出口贸易发展的理论机制。

其次，在相关理论研究的基础上，基于中国的背景和实际数据进行相关经验分析。经验研究主要包含以下四个部分：

第一，基于我国 2002～2007 年的投入产出表，利用投入产出结构分解技术，将影响我国制造业增加值增长的驱动因素分解为三大部分（共15 个因素），包括：增加值率变动的影响；中间投入变动的影响（包括 9 个因素）；最终需求变动的影响（包括 5 个因素）。由此，我们可以从时间的维度，识别出研究期间内，哪些因素是促进制造业增加值增长的主要因素，同时还可以识别出不利于制造业增加值增长的因素。15 个因素中，重点考察了服务业与制造业中间投入结构变动因素的影响，因为这个变动因素隐含了服务业与制造业的中间投入结构变动，尤其是制造业在生产过程中所使用的生产者服务投入变动情况。

第二，从产业关联的角度，利用投入产出子系统模型测算服务业与制造业的相互需求规模，从总量上分析二者之间的相互需求关系。进一步，在总量分析之后，利用敏感度分析方法，构建技术结构系数的敏感度指标，进而测算出制造业产出相对于技术结构系数变动的弹性值，从而识别出最能有效带动制造业产出增长的服务部门和相应的生产交易活动。这一分析方法的好处在于，有助于分别从需求总量和需求的有效性考察服务业（生产者服务业）对制造业的影响，充分考虑了所有经济交易活动之间的相互关联效应，从而使分析更加全面。虽然结构系数在短期内是相对难以改变的，但是从长期来看，这为我国产业政策的制定提供了参考的依据，政策制定者可以通过产业和需求政策的指导性作用，使技术和需求结构向着最有效用的方向调整。

第三，从整体上考察生产者服务对制造业特别是制造业出口贸易的影响效应。首先，考察我国经济整体的生产迂回度，进一步探讨了服务在制造业生产中所扮演的角色，特别关注服务的间接出口。

第四，以上的经验研究并没有对作为中间投入品的生产者服务的来源加以区别，而生产者服务可能来自于本土企业，也可能是通过从国外的进口获得。因此，接下来，笔者将把我国制造业生产过程中所使用的服务分为国产生产者服务和进口生产者服务，并且分别测算出制造业内涵的国产和进口的生产者服务。在此基础上，通过构建相关指标，利用投入产出数据、海关统计数据以及相关产业数据和中国工业企业数据库，将投入产出分析与计量回归模型相结合，考察不同来源的生产者服务，即：国产生产者服务以及进口生产者服务，对制造业全要素生产率的影响。基于与以上同样的数据基础和模型方法，本书又进一步考察了国产和进口的生产者服务对我国制造业出口贸易竞争力的影响。

图 1-1 为生产者服务的流向图，图中的实线部分为本书的主要研究思路。

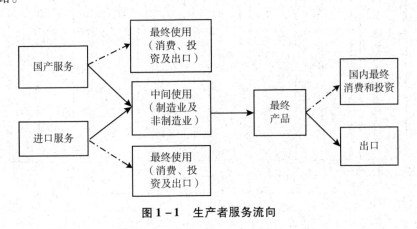

图 1-1　生产者服务流向

1.4.2　研究框架

本书的研究框架如图 1-2 所示。

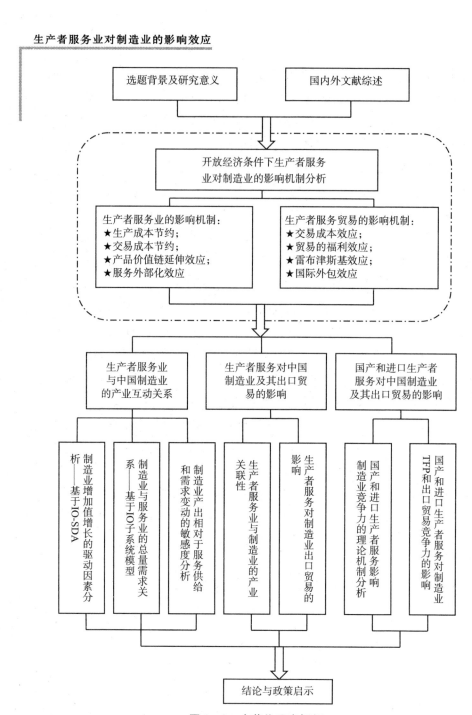

图 1－2 本著作研究框架

1.4.3　主要内容

本书总共包括 9 章。

第 1 章导论。包括本书的选题背景和研究意义，问题的提出，基本概念和研究对象的界定，以及研究思路和方法。

第 2 章国内外研究现状及发展动态分析。本章系统介绍并提供了生产者服务业、制造业以及贸易三者之间互动关系在已有文献中的理论描述和经验证据。理论研究方面，从生产者服务业与制造业的互动关系，生产者服务贸易与货物贸易的互动关系这两个层次展开。对于第一个层次主要从产业宏观视角、企业微观视角以及交叉领域的拓展三个方面进行综述；对于第二个层次，以国际贸易理论的发展为研究脉络，分传统贸易理论、新贸易理论以及新新贸易理论三个阶段展开论述。经验研究方面，依据研究方法的不同，从三个方面，即基本计量模型、投入产出法以及引力模型，跟踪并梳理了国内外最新研究成果。通过对已有的国内外相关文献进行跟踪和梳理，最后是本书作者对已有研究的简要评述，提出了该领域进一步的研究方向，这对进一步促进和拓展国内关于生产者服务业与制造业互动领域的相关研究具有一定的参考价值。

第 3 章中，笔者通过构建理论模型探讨了生产者服务业与制造业之间的互动机制，并且在此基础上，由封闭系统拓展到开放系统，进一步探讨了生产者服务贸易与制造业的互动及相互影响机制。

第 4 章利用投入产出结构分解分析方法（IO – SDA），重点考察了 2002 ~ 2007 年间影响我国制造业增加值增长的主要驱动因素。笔者将影响制造业发展的因素分解为 15 个因素。分别为：增加值率变动的影响；中间使用部分变动的影响（包括 9 个因素，即制造部门、服务部门、其他部门中间投入结构的变动，制造部门、服务部门、其他部门中间投入水平的变动，制造与服务部门间、服务部门与其他部门间、制造与其他部门间中间投入结构的变动）；最终使用部分变动的影响（包括 5 个因素，分别为：以最终需求衡量的制造业内部结构变动的影响；以最终需求衡量的第二、第三产业内部结构变动的影响；以最终需求衡量的三次产业结构变动的影响；最终需求分配结构变动的影响；最终需求总量变动的影响）。15个因素中，重点考察了能够反映制造业生产过程中生产者服务投入变动情况的服务业与制造业中间投入结构变动因素。由此，我们可以从时间的维度，识别出研究期间内，哪些因素是促进制造业增加值增长的主要因素。

第5章中利用投入产出子系统模型（IO‐subsystem model）和敏感度分析方法（sensitivity analysis），侧重于从产业关联的角度考察 2002～2007 年间生产者服务业对制造业的影响。本章主要由两个部分构成。首先，利用投入产出子系统模型考察服务业与制造业之间的总量需求关系，其次，通过敏感度指标的构建，考察制造业总产出相对于技术结构系数变动的敏感度，从而识别出最能有效带动制造业发展的服务部门以及与之相关的生产交易活动。投入产出分析框架下两种研究方法的使用互为补充，有助于从总量以及效率两个层面分析中国生产者服务业与制造业之间的相互促进关系。

第6章考察了生产者服务对中国制造业出口贸易的影响效应。首先，基于前文中生产者服务业与制造业间紧密的产业关联性，测算经济整体的生产迂回度，其次考察制造业出口贸易对生产者服务投入的使用情况，最后分析生产者服务对中国制造业出口贸易的影响效应。

第7章在第6章的基础上，进一步对生产者服务的来源加以区分，分为国产生产者服务和进口生产者服务，考察不同来源的生产者服务对中国制造业全要素生产率的影响。首先，对制造业生产过程中的内涵服务进行分解，分别测算出制造业内涵的国产和进口的生产者服务。其次，在此基础上，通过构建相关指标，利用中国工业企业数据库，结合投入产出分析与计量回归模型，考察进口和国产的生产者服务对中国制造业全要素生产率的影响。

第8章首先利用理论模型对进口生产者服务对出口贸易的影响进行机制分析，并得出相应的命题。其次，基于与第7章中同样的数据基础和模型方法，对命题加以验证，并且考察进口和国产的生产者服务，以及进口和国产的其他服务对中国制造业出口贸易竞争力的影响。

第9章首先总结了本书关于中国制造业与生产者服务业产业互动机制及效果的重要结论，在此基础上，从产业政策以及贸易政策两个方面提出相应的政策建议，以期在《中国制造 2025》的指导下，为中国制造业与服务业的良性互动发展、中国制造业的转型升级和跨越式发展提供参考和借鉴。最后，作者还提出了本书存在的不足之处以及可以进一步拓展的研究方向。

1.5

可能存在的创新点

本书的创新之处主要体现在以下几个方面：

（1）研究角度更为全面、深入。为了综合考察中国生产者服务业对制造业的影响，本专著首先分析了生产者服务业与制造业间的总量需求关系，并进一步识别出最能有效带动制造业产出增长的生产者服务部门和与之相关的交易活动。另外还测算了不同因素，尤其是生产者服务业与制造业的中间投入结构变动因素对制造业增加值增长的贡献度。此外，本书分别测算出了制造业生产过程中所使用的国产和进口的生产者服务，并在此基础上构建生产者服务联系指数，进一步结合投入产出分析和面板数据回归模型，考察了国产及进口生产者服务分别对制造业全要素生产率以及出口贸易竞争力的影响。

（2）从研究方法看，本研究不仅使用了传统的投入产出分析，还将投入产出框架下一般应用于环境、能源、经济增长等领域的分析方法，如：投入产出结构分解分析方法（IO – SDA）、投入产出子系统模型等（IO subsystem model），引入了本书的研究中。另外，基于投入产出分析框架下构建的相关指标，本书将投入产出分析与计量回归模型相结合。可以说，本书所使用的模型方法新颖且具有较强的可操作性，同时具有较强的实际应用推广价值。

（3）从数据基础来看，本书不仅使用了投入产出数据，还使用了制造业、服务业的相关产业数据，此外，本书还借助中国工业企业数据库，将生产者服务业对制造业影响效应的研究数据拓展到了企业层面，从而使数据基础更为牢固，研究结论更为可靠。同时，也为生产者服务业与制造互动关系这一研究领域提供了新的研究思路。

（4）从现实意义来看，在我国制造业与服务业发展同时遇到瓶颈的现实背景下，在中国经济步入"新常态"的现实压力下，响应《中国制造2025》中加快中国从制造大国向制造强国转变的发展目标，以促进整个制造业向智能化、绿色化和服务型升级，加快建设制造强国，本书基于服务业尤其是生产者服务业与制造业之间的内在相关性，从产业关联的视角，探索促进我国制造业实现转型升级的可行路径具有一定的现实意义。本书的研究结论可为我国制造业乃至服务业产业发展，以及贸易政策的制定提供参考，具有一定的理论指导意义和现实参考价值。

第 **2** 章

国内外研究综述

本章将从理论和经验研究两个大的方面，跟踪梳理国内外有关生产者服务业与制造业互动关系的研究成果。对于理论研究，将从生产者服务业与制造业的互动关系，生产者服务贸易与制造业贸易的互动关系这两个层次展开。对于第一个层次主要从产业宏观视角、企业微观视角以及交叉领域的拓展三个方面进行综述；对于第二个层次，则以国际贸易理论的发展为研究脉络，分传统贸易理论、新贸易理论以及新新贸易理论三个阶段展开论述。对于经验研究，主要依据研究方法的不同，从三个方面，即基本计量模型、投入产出法以及引力模型，跟踪并梳理了国内外最新相关研究成果。最后，作者就该领域现有研究成果进行了简要评述。

2.1

理论研究

2.1.1 生产者服务业与制造业的互动关系

1. 基于产业层面宏观视角的分析

从各国的发展经验可以看到，制造业与服务业特别是与生产者服务业已经呈现出相互促进并且融合发展的趋势，这一趋势也在理论界达成了共识。因此，生产者服务业与制造业的互动机制成为了理论研究的重要方向。

对于生产者服务业与制造业关系的探讨始于学者们对于生产者服务业发

展原因的探索。可以说理论界已经就生产者服务业发展的起源问题达成了共识，即认为生产者服务业起源于制造业的服务外包活动。布哈格瓦蒂（Bhagwati，1984）提出生产者服务业脱胎于制造业，是制造业服务外包活动的产物。随着经济的发展以及分工与专业化程度的深化，价值链的某些环节开始被制造企业从其自身的核心业务链中剥离出去，外包给某些擅长从事这一生产活动的企业，可以说正是这一生产组织结构变迁导致的分工和专业化带来了生产者服务业的产生和发展。然而，弗兰克伊斯（Francois，1996）则认为制造业内部结构的调整，即制造业自身对中间服务需求的提高才是促进生产者服务业发展的重要因素。这两种观点实质上是当下生产者服务业和制造业不断融合、互动的两种主要方式和趋势，并在顾乃华（2011）中得到了统一。顾乃华（2011）认为服务外包和工业企业"服务化"是两种并行不悖的趋势，在很多工业企业将服务环节外置的同时，也有部分工业企业通过企业再造和重组实现了向服务提供商的转型。此外，代伊博（2011）系统地论述了制造业的生产者服务"内部化"（即制造企业的服务化）和"外部化"过程及其对制造业发展的作用机制，并且提出制造业的这一服务"内部化"和"外部化"过程是协同演进并且相互促进的。

与此同时，反过来看，生产者服务作为独立的产业发展起来后，其对制造业的功能性作用也越来越受到重视。奥利地学派的"生产迂回说"认为生产过程的重组和迂回是提高生产力的重要因素，因为更加迂回的生产过程不仅需要使用更为专业化的劳动力和更多资本，同时也增加了中间投入品的数目。格鲁贝尔和沃克（Grubel and Walker，1993，中译本）在此基础上进一步阐述了生产者服务业在迂回生产中所扮演的角色，并认为生产者服务实质上是将人力资本和知识资本导入生产过程的传递器。里多（Riddle，1986）则认为服务业尤其是生产者服务业，是促进其他部门增长的过程产业，是经济的粘合剂。马库森（1989）指出生产者服务往往被认为是一种高级投入要素，具有知识和人力资本密集性，因而起着促进制造业产业结构优化以及竞争力提高的推进器作用。作为生产要素，生产者服务不仅通过直接参与到生产过程中，降低制造业的生产成本（Dnniels，1991；Karaomerlioglu and Carlsson，1999），与此同时还被作为一种间接投入，起到连接各个生产阶段纽带和润滑剂作用（Francois，1990）

而降低了制造业的交易成本。

2. 基于企业层面微观机制的探讨

从产业层面的宏观视角虽然可以看到制造业与生产者服务业的互动机制，但是却无法从经济活动的微观主体看到其背后的发展动机，而微观企业层面的视角却可以弥补这一不足。借助波特的"价值链理论"，我们可以清晰地认识到生产者服务业对制造企业外溢效应的微观机制。"价值链"概念最早是波特（1985）在其经典著作《竞争优势》一书中提出的。"价值链理论"认为企业价值链之间的差异奠定了产品差异化的基础，也是企业竞争优势的关键来源，从价值链的构成看，其中许多环节明显是与生产者服务相关的，无论是基本的价值活动（如物流、仓储、营销和售后服务等），还是企业基础设施、人力资源管理等辅助性的价值活动，都包含着生产者服务活动，可以说生产者服务活动无处不在，而任何价值活动，尤其是这些生产者服务活动都会对企业的竞争优势产生影响。可以说，生产者服务贯穿于企业价值链的上、中、下游，是促进企业竞争力提升，实现价值增值的关键要素。

然而，根据价值链理论，企业能够从价值链各个环节获得的利润也是不同的，这很大程度上取决于企业自身的资源整合能力。正如沃纳菲尔特的资源基础论所说，企业是资源及能力的集合体，这种资源和能力是有限和稀缺的，受到时间和空间的约束，每个企业都必须将有限的资源集中用于最擅长的环节，从而构建自己的竞争优势，然后不同企业建立联盟伙伴关系，实现共创双赢。因此，出于资源合理配置、提高核心竞争力等战略考虑，企业可能会通过服务外包重组自身的价值链，从而实现自身资源、能力和价值链环节的匹配，最终提升自己的获利能力。随着制造企业服务外包活动愈加活跃，生产者服务业的市场化进程也随之加快，在规模经济和学习效应的作用下，服务企业自身的业务水平提高，服务提供成本下降①，这又会进一步推动制造企业的服务外部化进程，从而形成一个生产

---

① 马库森（1989）提出生产者服务是知识密集的，需要一个较高的初始投资成本，但是一旦掌握了相应的知识后，服务提供者就可以以一个较低的成本向其他需求方提供服务。

者服务企业与制造企业互动发展的良性互动机制。

3. 基于交叉领域的边际拓展

还有一些学者将生物学领域的概念应用于揭示生产者服务业与制造业的互动关系。徐学军等（2007）指出，制造业与生产者服务业这两种共生单元构成一个共生体，其中主单元是制造业。喻国伟和苏敬勤（2008）认为，制造业与生产者服务业之间的共生关系的本质是"知识共生网络"。此外，孔德洋和徐希燕（2008）则基于"生物群落"①的概念定义了"经济群落"，他们认为"经济群落"是经济生态系统中一种特定的组织，各种群落之间具有内在的联系。群落组成有农业群落、工业群落和现代服务业群落，还有制造业亚群落、生产者服务业亚群落。其中，生产者服务业亚群落充当着"粘合剂"的作用，使服务业群落与农业、工业群落互动共生融合，形成一个有机的经济群落。此外，制造业亚群落与生产者服务业亚群落之间是相互交融的，一方面，前者为后者提供了生存的环境，这主要是因为生产者服务业起源于制造业的服务外包活动，且制造业是生产者服务重要的需求方和消费者；另一方面，后者为前者提供了营养和赖以升级的知识流。因此，可以说生产者服务业与制造业共存共进：制造业拉动着生产者服务业的发展，生产者服务业又推动着制造业的升级。在产业间交互融合以及渗透的大背景下，企业边界日益模糊导致制造企业的服务化趋势愈加明显，为此，胡晓鹏和李庆科（2009）将生物学领域中"共生理论"②的经济学适用边界延伸至产业交互融合渗透现象的探讨。他们指出生产者服务业与制造业实质上是一种共生关系，具有融合性、互动性和协调性，这是因为在理论上生产者服务业原本就产生于制造业、服务且依存于制造业，而制造业的可持续发展和盈利能力的提升更是

---

① 生物群落是指在一定时间内居住在一定空间范围内的生命种群的结合。生物群落的构成具有以下特点：群落内各种生物相互之间存在物质循环和能量转移的复杂联系，因而群落具有一定的组成和营养结构；在时间过程中，生物群落经常改变其外貌，并具有发展和演变的动态特征；群落的特征并不是其组成物种的特征的简单总和。

② 共生理论首先出现在生物学领域，至今已有一个多世纪了。按照德国生物学家德贝里（1879）的定义，共生是相互性活体营养性联系，是一起生活的生物体某种程度的永久性物质联系。

离不开生产者服务业的辅助，两者之间犹如"水"和"鱼"的关系。此外，地区之间的竞争不再单纯是单一主导产业的竞争，而正在表现为地区间产业间综合协作能力的竞争，其实质就是区域间制造效率和服务效率的共生能力竞争。唐强荣等（2009）在文献分析的基础上得出，在经济发展中，生产者服务业与制造业间存在着内生性匹配关系，两者共生发展、共同繁荣。

综合来看，不管是基于宏观视角还是微观视角，对于生产者服务业与制造业的关系以及互动机制已经达成了理论共识。一方面，生产者服务起源于制造业，生产者服务业作为独立的产业发展起来离不开制造业自身服务活动的外化，作为制造业主要以及重要的中间投入，制造业的发展基础决定了其对中间服务投入的需求量以及需求结构，因此从需求层面来看，一个经济体的制造业基础是决定该经济体生产者服务业发展的核心因素。另一方面，从供给的角度看，生产者服务作为一种知识密集型的高级投入要素，通过降低制造业的生产成本和交易成本，而润滑了制造业从研发到生产再到销售的整个价值链，因此，生产者服务业市场发展水平的高低在很大程度上影响着制造业获取中间服务投入的成本并直接影响着制造业的国际竞争力。可以说，制造业与生产者服务业是具有密切产业关联性的共生关系，并且随着经济服务化的发展，二者间的相互关联性将越来越紧密，产业间的界限也将越来越模糊，并且最终走向融合发展。

2.1.2　开放经济条件下生产者服务业与制造业的互动机制

传统意义上，服务是不可贸易的，但是伴随着经济全球化以及信息通讯技术的发展，服务的生产和消费可以通过电子传输的形式实现时间和空间的分离，服务的可贸易性得到了极大地提高，服务贸易的内涵也发生了巨大变化①。而受益于此类技术创新的往往是管理、咨询、信息处理以及

---

① 由于服务的无形性，服务的生产和消费必须同时进行，由此服务贸易也往往涉及到人员在国家间的流动，但是随着信息通信技术的发展，人员的流动开始被电子传输的提供形式所取代，因此可以说服务贸易的内涵发生了变化。

金融等中间投入服务的贸易，即生产者服务贸易。

确切的说，生产者服务的可贸易性提升是该领域相关理论研究的前提和立足点，而生产者服务贸易与制造业出口贸易间的关系则是本部分所要重点分析的问题。为此，了解生产者服务如何被引入以往的产品贸易理论模型是关键。而生产者服务在模型中扮演着什么样的角色，与制造业以及贸易又如何产生联系，对贸易成本、贸易模式以及贸易收益又会产生怎样的影响，诸如此类的问题往往是学者们研究的焦点。由于各类研究的研究背景、使用的分析框架不同，因此对于以上问题分析的侧重点也不同。下面将以国际贸易理论的发展脉络为主线，大致分传统贸易理论、新贸易理论以及新新贸易理论三个发展阶段，并将针对以上问题分别展开分析。

1. 基于传统贸易理论模型的解释

利用 H－O 理论模型分析存在生产者服务贸易时贸易模式的变化是很重要的一部分内容，在该分析框架下，作为制造业中间投入品的生产者服务，取代了制造业最终产品，直接参与国际贸易。这类模型以梅尔文（Melvin，1989）为代表。梅尔文（1989）利用传统 H－O 理论的 $2 \times 2 \times 2$ 模型，证明存在生产者服务这一要素贸易时，贸易均衡结果可能与仅存在货物贸易时相同，但是贸易模式、贸易政策的影响将会发生变化，传统的比较优势理论和要素禀赋理论则需要得到修正。而生产者服务贸易自由化的福利效应则因可贸易要素服务以及产品的种类、数量的不同而不同。此类模型将生产者服务作为制造业产品的生产要素直接参与国际贸易，解决了一系列规范性问题，即生产者服务参与国际贸易是否会对贸易均衡、贸易模式、贸易政策的福利效应产生影响，但是在模型中开展生产者服务贸易是好是坏这一实证性问题并没有得到很好的解答。

迪尔朵夫（Deardorff，2001）则弥补了以上研究的缺陷，利用标准局部均衡贸易模型分析了服务贸易自由化所带来的福利效应。此外，与梅尔文（1989）显著不同的是，迪尔朵夫更加强调生产者服务连接各个生产阶段的纽带功能，而不仅仅将生产者服务作为一种中间投入要素。文中，迪尔朵夫以运输服务为例，将运输服务看作是协调、控制各生产阶段的一种中间投入，通过分解运输成本，分析运输成本降低的可能性以及途径，间接地证明了服务贸易自由化因有利于生产者服务的自由提供而促进贸易成本的降低。服务贸易自由化、生产者服务与货物贸易三者之间的关系在模型中得到了充分体现。

生产者服务贸易是服务贸易的重要内容，而服务业国际直接投资则是服务贸易的重要形式和载体。直至 20 世纪 90 年代，生产者服务离岸理论才开始出现并得以发展。同样，传统贸易理论能否适用于离岸问题的分析受到了学者们的关注，为了说明传统贸易理论[①]对于离岸理论的适用性，鲍德温和尼考德（Baldwin and Nicoud，2010）将离岸看作是一种"影子迁徙"，并基于"影子迁徙"调整后的禀赋而非实际禀赋进行分析，实现了传统贸易理论与离岸理论的完全契合。由于离岸涉及到母国与东道国间资本的转移和劳动需求的较大波动，因此有关生产者服务离岸的理论更加侧重于分析离岸产生的工资和就业效应。例如，格罗斯曼（Grossman，2006）将 H - O 理论模型应用于中间服务离岸的研究中，从生产率效应、相对价格效应以及劳动供给效应三个方面分析了高、低技术劳动服务离岸所产生的工资效应。此类研究还有费恩斯特拉（Feenstra）和汉森（Hansen，1996）、易（Yi，2003）等。

基于传统贸易理论分析生产者服务及贸易问题有助于对贸易模式、贸易一般均衡和收益分配等问题进行全面、深入的考察。但是也有其局限性，即不能反映出生产者服务的典型特征，如知识、人力资本密集性；规模报酬递增等，也无法刻画出生产者服务在制造业生产过程中的具体作用。基于这两点，在新贸易理论分析框架下的相关研究无疑是一大进步。

2. 基于新贸易理论模型的探讨

20 世纪 80 年代，以规模经济、产品差异化和不完全竞争为特征的新贸易理论应运而生，新贸易理论克服了传统贸易理论要素同质、完全竞争假设的不足。在此背景下，伊瑟尔（Ethier，1982）通过构造理论模型首次将垄断竞争、规模报酬递增以及中间产品贸易结合起来。伊瑟尔之后，

---

① 主要指要素禀赋理论、要素价格均等化理论、Stolpher - Samuelson 定理以及 Rybczynski 定理。

将规模报酬递增[1]、异质的生产者服务融入贸易模型的文献陆续出现。这类模型[2]较之传统贸易理论模型的优点在于可以对生产的具体环节、生产者服务起到的具体作用进行专门分析，共同的特点在于生产者服务往往被作为一种直接或间接投入要素，进入生产函数或者成本函数。

垄断竞争模型中，生产者服务影响制造业生产以及贸易的途径有两种：（1）作为一种生产要素直接进入最终产品的生产函数，反映为一种直接生产成本；（2）并不直接进入生产函数，主要作用在于协调和控制专业化的生产过程，反映为一种间接管理成本。据此将垄断竞争模型大致分为两类，第一类模型以马库森（Markusen，1989）、马里维吉克（Marrewijk，1997）等为代表，第二类模型以弗兰克伊斯（Francois，1990a，1990b）为代表，下面将对这两类模型进行具体分析。

马库森（1989）在 S－D－S 框架下构建了一个两部门的一般均衡模型，这两个最终产品部门均是完全竞争的，其中一个部门使用劳动和特定要素资本作为中间投入，另一个部门则使用生产者服务作为中间投入，其中生产者服务部门的生产是垄断竞争且规模报酬递增的。通过分析，马库森得出生产者服务与商品之间的贸易总是优于封闭情形下，而将贸易双方看作一个整体时，则优于仅存在货物贸易的情形。马库森的模型解决了传统贸易理论分析框架下所没有涉及的规范性问题，即证明了生产者服务贸易可以使世界整体的福利得到改善，但是，对于贸易各国的影响则不确定。之后，马里维吉克等（1997）在马库森（1989）的基础上构建了一个更为一般化的模型，从而使之前的研究均成为了该研究在设定不同参数情形下的特殊形式。该模型包括两个完全竞争的最终产品部门，每个部门均使用劳动、资本和人力资本三种要素进行生产，其中人力资本要素又通

---

　　[1]　马库森认为服务是知识密集的，因为获得这些知识必须要长期高额的投资，但是一旦拥有这些知识，然后再提供给其他人使用的成本就低廉了。换言之，这些服务本身具有规模报酬递增的特性。

　　[2]　值得注意的是新贸易理论框架下，生产者服务贸易所产生的福利效应主要来自于两个方面，而这是传统贸易理论所没有涉及的：首先，中间服务进口使进口国可以获得更多种类的中间产品，即消费者利得；其次，进口竞争使垄断竞争企业基于成本的加价（markup）下降，但是这并不损害企业自身的利益，因为这一价格的下降来自于规模经济带来的成本下降而非财富的转移效应。

过生产者服务要素投入得到。马里维吉克的另一个贡献是进一步考察了存在服务业 FDI 时的贸易均衡问题。此类研究还有：马库森（1988a，1988b）、基尔考沃斯基（Kierzkowski，1988）等。

除了以上研究将生产者服务看作是一种生产要素以外，还有一类研究更加强调生产者服务在生产过程中的组织协调功能及其与专业化分工之间的关系。如：弗兰克伊斯（1990a）构建了一个单部门的垄断竞争模型①，该最终产品部门使用劳动作为直接投入进行生产，有许多生产技术可供企业选择，生产技术水平的高低取决于企业的专业化水平，而在模型中反映为企业生产过程中涉及的生产阶段，当生产阶段数量增加时，各个生产阶段之间的协调和控制变得愈加困难，这无疑会增加企业的间接管理成本，即生产者服务投入成本，生产者服务的作用即在于协调和控制各个专业化生产阶段，保证生产的顺利进行。当企业的生产者服务投入增加时，专业化水平提高，企业直接生产的规模报酬递增，而间接管理成本即生产者服务成本也提高，因此，在该模型中企业需要在最大专业化与最小成本化之间做出权衡，从而选择最优的专业化水平。利用该模型，弗兰克伊斯证明了当国内市场一体化程度提高时，各个企业的生产规模扩张，专业化水平提高，生产者服务投入提高，劳动生产率和要素报酬也得到了提高，规模扩张导致产品价格下降，最终人均收入也相对地提高了。此外，弗兰克伊斯指出贸易自由化与国内市场的一体化具有相同的效应，并借助相同的分析框架，在弗兰克伊斯（1990b）中对此做出了具体的论证。值得注意的是，文中弗兰克伊斯提出生产者服务贸易的自由化将会使服务的进口国和出口国均受益，这一结论无疑是对马库森（1989）中结论的一个补充，从而为各国的服务贸易自由化政策提供了更加有利的支持。此外，与马库森使用 S－D－S 生产函数不同，弗兰克伊斯借助的是爱德华兹和斯塔尔（Edwards and Starr，1987）提出的生产函数，在市场一体化进一步深化时，生产过程发生了质的变化，即专业化水平可以提高，最终产品种类可以增加，单个企业产出规模可以扩张，而非仅仅是生产者服务投入种类增

---

① 马库森的模型中生产者服务部门是垄断竞争的，而弗兰克伊斯的模型中最终产品部门是垄断竞争的。

加带来的总产出扩张。

除了可以直接参与贸易以外，服务业 FDI 也是生产者服务的一种提供方式。研究生产者服务的 FDI 无疑应当是这一领域的另一重要课题。巴蒂兹（Rivera - Batiz，1988）通过构建一个小型开放经济模型，证明了一个小规模的国外资本流入会使东道国福利提高，即使在最终产品生产的规模报酬不变的情况下，这是由于资本流入促使生产者服务部门的专业化水平提高，进而提高了工业生产率。这一积极效应的大小则取决于东道国工业对生产者服务部门的依赖程度。文中还指出 FDI 不仅可以刺激工业部门的直接就业，还可以促进生产者服务部门的间接就业。此外，FDI 对母国以及东道国工资、福利等的影响则成为了另一个重要的研究方向。例如：马库森（2005）沿袭了 H - O 理论的思想，汲取了跨国公司理论、外包理论及其他新贸易理论的精髓，通过构造一系列模型的通用模板，利用数值模拟方法，探悉了白领服务离岸的一般均衡效应。

3. 基于新新贸易理论模型的拓展

20 世纪 90 年代，大量经验事实表明并非所有企业都会进行对外贸易，并且同一产业内出口企业相对于非出口企业在劳动生产率、资本技术密集度等方面存在很大优势，这一现象使得人们开始反思新贸易理论对现实的解释力。梅利蒂兹（Melitz，2003）以霍本哈耶（Hopenhayn，1992）中的垄断竞争动态产业模型为基础，将异质性企业这一概念引入到新贸易理论模型的分析框架中，在此之后，以企业异质性[①]和企业内生边界模型为代表的新新贸易理论[②]应运而生。之后，梅利蒂兹（2003）的模型被加以拓展并与双边引力模型相结合，用于双边贸易的广度和深度分析

---

① 该理论突破了以往贸易理论中的企业同质性假设，将研究视角从宏观贸易理论延伸至了贸易的微观主体即异质性企业本身的行为模式。企业异质性模型认为不同企业在进入出口市场时需要付出一个不可撤销的出口投资成本，企业在了解生产率状况之后才会做出出口决策。模型表明贸易自由化会使低效率企业退出出口市场，新的高效率企业进入出口市场，市场份额在高、低效率企业间重新分配，这种自我选择效应（self-election effect）使总体生产率和社会福利提高。企业的异质性主要表现为企业生产率的差异。

② 鲍德温（2005）、邱（Qiu，2006）等将有关异质企业贸易模型和企业内生边界模型的理论称为"新新贸易理论"。

（Helpman，Melitz and Rubinstein，2007；Chaney，2006）。此外，梅利蒂兹（2003）还为开放经济条件下，分析跨国企业的决策行为提供了一个可行的研究框架（Helpman et al.，2004；Antras and Helpman，2004）。不仅如此，企业异质性模型还可与其他新贸易理论框架下的模型相结合，诺尔达斯（Nordås，2010）就是这一应用的充分体现。

结合垄断竞争模型，诺尔达斯（2010）在尼考德（Nicoud，2008）的基础上，通过构建两个模型分析了生产者服务贸易对一国产业结构以及货物贸易的影响。相较而言，诺尔达斯的模型中，生产者服务进入生产函数的形式更加复杂，这是由于以往的模型并没有对生产者服务在来源上加以如此严格的区分，诺尔达斯则将生产者服务分为由制造企业自身提供、向国内以及国外服务提供者够买三个部分，从而使模型得到了进一步完善的。通过对参数的设定，还引入了生产与管理技术的差异，从而汲取了企业异质性理论的思想。诺尔达斯的又一贡献在于利用数值模拟方法计算出了不同情况下服务贸易自由化对一国产业、贸易结构的影响。

2.2

经验研究

基于具体所研究的问题和侧重点的不同，学者们主要使用的研究方法也有所不同，笔者将这些文献按照研究方法的不同大致分为以下三类：（1）简约式计量回归模型；（2）投入产出模型；（3）引力模型。下面本书将基于以上根据研究方法的分类，对该领域的经验研究成果进行综述。

2.2.1　基于简约式计量回归模型的分析

1. 生产者服务业与制造业

关于生产者服务业与制造业的关系，学术界主要持有三种主流观点，分别为需求遵从论、供给主导论以及相互依存论（顾乃华，2006，2010）。有些学者认为制造业作为生产者服务的主要需求方，其需求水平和需求状况直接决定着生产者服务业的发展，因此良好的制造业基础被认为是生产者服务业发展的前提，如考恩（Cohen，1987）、罗松（Rowthorn，1999）、古尔里和梅利希亚尼（Guerrieri and Meliciani，2005）等，这一观点被概括为"需求遵从论"。然而，作为制造业的高级投入要素，生产者服务业往往被认为是向制造业输入技术以及知识资本的传递器，是制造业向产业链高端攀升的阶梯，因此有学者提出了所谓的"供给主导论"，即良好的生产者服务业是制造业发展的前提。这一论点对于急于发展制造业的发展中国家来说更具意义和研究价值。班加和高达（Banga and Goldar，2004）通过比较分析印度贸易改革前后生产者服务业对制造业的影响，得出印度贸易政策对制造业的服务化具有显著促进作用的结论，他们进一步提出印度生产者服务业促进制造业发展的同时，也为服务业自身的可持续发展创造了可能的条件。这一结论在一定意义上反映了"相互依存论"的核心思想，即生产者服务业与制造业互动发展。笔者认为"需求遵从论""供给主导论""相互依存论"都能够反映一定时期内，特定经济背景下生产者服务业与制造业关系的某一方面，对现实也具有一定的解释力。但是生产者服务业与制造业的关系并不是以上三种观点中的任何一种所能涵盖的。比如说一般意义上，一国的经济都会经历由农业化向工业化转型并进而向服务化攀升这三个发展阶段，欧美等发达国家的现实也证明了制造业基础对于服务业的重要性，但是印度的发展当属例外，印度在没有强大制造业做支撑的条件下同样实现了服务业的高速发展，印度的情况从反面验证了供给主导论。可见生产者服务业与制造业的关系会因所处的经济体、经济发展阶段的不同而不同。从长期看，二者之间的关系具有动态变化的过程。

我国学者在这一方面也进行了有益探索。早期的一些研究更多地是探讨生产者服务业对制造业的影响效应，如顾乃华等（2006）采用双向固定效应面板模型分析了不同生产者服务业对我国中、东、西部地区制造业竞争力的影响，结论显示发展生产者服务业有利于提升我国制造业的竞争力，从地区来看，东部地区生产者服务业发挥的作用最充分，从行业来看，金融保险业最能发挥提升制造业竞争力的功能。江静等（2007）也分别从地区层面以及细分行业层面分析了生产者服务业对制造业效率提升的影响效应，结果表明生产者服务业的扩张促进了制造业的整体效率提高，其中，交通运输仓储和邮电通信业对劳动密集型行业影响最为明显，而资本密集型行业的效率提升，在很大程度上受到金融保险业发展的影响，科学研究对制造业的影响具有滞后性，它与当年制造业的效率呈负相关，但可以提升次年制造业的竞争力，并且对技术密集型行业影响最大。

　　后来，该领域研究角度越来越多样化，有学者开始考察影响生产者服务业与制造业互动关系的因素，如顾乃华（2010）提出地理距离这一因素与生产者服务业对工业获利能力的外溢效应负相关，此外政策的完善程度则正向影响着这一外溢效应。高觉民和李晓慧（2011）的研究结论进一步表明了政策因素，如市场化水平对我国生产者服务业与制造业的发展具有积极的促进作用，而城市化水平的作用则不显著。此外，还有一些研究侧重于验证生产者服务业与制造业之间的良性互动效果，如刘晶、刘丽霞（2011）利用山东省 17 个地级市 2000～2009 年的面板数据，实证分析工业化水平、市场发育程度、城市化水平和信息化水平等因素对生产性服务业发展的影响，并且指出由于山东省信息化水平较低，未能起到推动生产性服务业发展的积极作用，山东省制造业与生产性服务业关联程度较低，尚未形成融合互促发展的良好局面。而对于制造业对生产者服务业发展的重要性方面，刘纯彬和杨仁发（2013）基于 2004～2010 年我国 20 个省市的面板数据，利用专业化分工、工业化程度、服务效率、产业融合程度、政府规模、制造业集中度、对外开放程度等指标，从地区和行业层面实证分析了我国生产性服务业发展的影响因素，实证结果表明，工业化程度对我国整体生产性服务业发展的影响最大，且在五个细分行业中，除科学研究、技术服务和地质勘查业外，工业化也是最为重要的影响因素之一。

2. 生产者服务业、制造业与贸易

　　关于生产者服务业与贸易，大部分经验研究都侧重于分析生产者服务贸易对制造业产生的影响，所得出的结论也相对一致，即生产者服务贸易对制造业具有积极影响，只是研究对象以及方法有所不同，此外在生产者服务部门的选择上也略有差异。阿米蒂和韦（Amiti and Wei，2006）基于

美国 1992~2000 年间的产业以及贸易数据，利用普通最小二乘估计方法和工具变量法分析了包括通信、金融、保险、商务服务、计算机信息服务 5 个生产者服务部门的贸易对美国制造业生产率的影响。弗兰克伊斯（2008）采用两阶段最小二乘法，分析了包括商务服务、通信、金融以及保险 4 个生产者服务部门的贸易对 OECD 国家劳动密集、技术密集和资源密集型制造业出口、增加值以及就业的影响。关于生产者服务贸易的研究还有弗兰克伊斯（2004）、加沃希克（Javorcik，2004）、马库森（2005）、叶波（Yeaple，2006）等。

还有学者基于不同国家企业微观层面的数据，探悉了外部服务投入对制造企业效率、创新及组织结构等方面的影响。加沃希克（2004）基于立陶宛企业层面的数据分析了生产者服务业部门 FDI 对企业效率的影响。阿诺德（Arnold，2006）则以捷克为研究对象。马克菲尔森（Macpherson，2008）则分析了生产者服务外包对美国纽约州 1994~2005 年间 52 个中小型科学设备制造企业的影响，马克菲尔森还专门针对生产者服务投入与企业产品创新之间的关系进行了研究。

相较而言，早期我国学者在开放经济条件下探讨生产者服务业与制造业之间关系的文献非常有限，多数研究也还很少涉及生产者服务的贸易问题，我国学者更多的是考察生产者服务业与制造业出口贸易之间长期动态均衡关系的存在性，通常采用的方法有协整分析、VAR 模型等，此类研究有：尚涛和陶蕴芳（2009）、顾乃华和夏杰长（2010）、杨玲等（2010）等。随着国内研究的进一步深入，当将我国以加工贸易为主这一特殊的贸易模式纳入探讨的范围时，生产者服务业与制造业之间的积极互动关系便受到了质疑。江静和刘志彪（2010）提出由于加工贸易模式在我国占据主导地位，这种两头在外的代工生产会使本土企业主要担任加工组装这一生产环节，而其他与之相配套的生产者服务业，如研发、营销、咨询以及金融服务等则完全由跨国公司承担，因此，制造业对服务业的中间需求作用并没有充分发挥。与此同时，代工制造业与服务业之间还会形成对资源的竞争，因此加工贸易越发达，反而越可能在某种程度上限制了生产者服务业的发展。

2.2.2 投入产出模型分析

在生产者服务以及制造业领域，投入产出法①主要被用于以下几个方面的分析：（1）对生产者服务业内涵部门的界定；（2）对生产者服务业与其他产业以及贸易互动关系的研究。

1. 生产者服务业内涵部门的界定

虽然各个国家、国际组织以及经济学家对生产者服务部门内涵的解释都有所不同，但是学术界就生产者服务部门的界定方法已经基本达成共识，即：采用中间需求率（h_i）作为界定生产者服务业的依据②，中间需求率大于 50% 的服务业定义为生产者服务业，中间需求率小于 50% 的服务业则归为消费者服务业（Goodman，2002；李冠霖，2002；尚于力等，2008）。中间需求率是指国民经济各产业对某一产业产品的中间需求量（中间使用）与对该产业产品的总需求量（中间使用 + 最终使用）的比值，计算公式如下：

$$h_i = \frac{\sum_{j=1}^{n} X_{ij}}{Y_i + \sum_{j=1}^{n} X_{ij}}, \text{其中 } i = 1, 2, \cdots, n \qquad (2.1)$$

其中，$\sum_{j=1}^{n} X_{ij}$ 为国民经济各产业对 i 产业产品的中间需求总量，Y_i 为国民经济各产业对 i 产业产品的最终需求量。

2. 生产者服务业与其他产业以及贸易的互动作用

在分析生产者服务业与国民经济各部门的互动关系时最常使用的指标有产业关联系数，包括影响力系数和感应力系数。计算公式如下：

---

① 投入产出分析由莱昂蒂夫（Leontief）于 1936 年首次提出，是在一定的经济理论指导下，编制投入产出表，建立相应的投入产出模型，综合分析国民经济各部门、再生产各环节间数量依存关系的一种经济数量分析方法。投入产出模型建立在生产函数线性和生产技术同质的假定基础上，基本的投入产出参数是投入产出分析和研究的基础。

② 由于这种界定是基于某一年的投入产出表计算得出的，因此使得时间序列上的动态比较稍显不足。

$$F_j = \frac{\sum_{i=1}^{n} b_{ij}}{\dfrac{\sum_{i=1}^{n} \sum_{j=1}^{n} b_{ij}}{n}} \tag{2.2}$$

$$E_i = \frac{\sum_{j=1}^{n} b_{ij}}{\dfrac{\sum_{i=1}^{n} \sum_{j=1}^{n} b_{ij}}{n}} \tag{2.3}$$

其中，b_{ij} 为完全需求系数，F_j 为影响力系数，$F_j > 1$ 表示 j 部门对国民经济的拉动作用高于社会平均水平，$F_j < 1$ 表示 j 部门对国民经济的拉动作用低于社会平均水平，$F_j = 1$ 表示 j 部门对国民经济的拉动作用等于社会平均水平。E_i 为感应力系数，表示国民经济各部门增加一个单位最终需求对 i 部门的影响，$E_i > 1$ 表示 i 部门对国民经济各部门的需求感应程度高于社会平均水平，$E_i < 1$ 表示 i 部门对国民经济各部门的需求感应程度低于社会平均水平，$E_i = 1$ 则表示 i 部门对国民经济各部门的需求感应程度等于社会平均水平（程大中，2006；程大中，2008）。

此外，弗兰克伊斯（1996，2008）借助投入产出模型的一些基本参数，全面地分析了生产者服务业、制造业与贸易之间的关系。令 A 为直接消耗系数矩阵，那么矩阵 A 中第 i 行 j 列的元素 A_{ij} 表示部门 j 对于部门 i 的支出占部门 j 总支出的比重，定义联系指数 D 为：

$$D = \frac{\sum_{j \in \lambda} \sum_{i \in \lambda} A_{ij}}{\sum_{j \in \lambda} \sum_{i \in \omega} A_{ij}} \tag{2.4}$$

其中，λ 表示产业账户的集合，ω 表示产业及增加值账户的集合，联系指数 D 用来衡量相对于整个经济生产活动，部门间后向联系的相对重要性。其次，利用乘数矩阵 M 中的元素可以反映制造业各部门的需求增加一个单位对生产者服务业各部门的影响：

$$M = (I - A)^{-1} \tag{2.5}$$

最后，弗兰克伊斯还定义了诱发系数矩阵，ϕ 是 ϕ_i 的列向量，代表直接出口份额，$\phi_i = \dfrac{f_i}{f'e}$ 表示 i 部门的出口需求在总出口中所占的比重，e 为一个单位列向量，f 为 f_i 的列向量，f_i 为 i 部门的出口，如下：

$$\Omega = M\phi \qquad\qquad (2.6)$$

式（2.6）中，Ω 的任一元素表示在各部门出口构成不变的情况下，制造业部门增加一单位出口，对生产者服务部门价值活动的直接和间接影响。

2.2.3　基于引力模型的实证分析

当下服务贸易受到越来越多的重视，其中很重要的一个原因是由于要素服务贸易，即服务作为中间产品发挥生产者服务作用时会产生重要的影响效应，服务贸易和货物贸易之间的关系，生产者服务贸易对货物贸易的影响等问题成为了一个重要的研究方向。许多学者采用引力模型的方法来考察这些问题。

引力模型的思想源自于牛顿的万有引力定律，其最早引入可追溯至卡雷（Carey，1858），但是直至 20 世纪 40 年代，经济学家才开始在理论与经验分析中大量利用引力模型，廷伯根（Tingbergen，1962）[①] 首次将引力模型应用于贸易领域来解释世界各国的贸易不对称现象。近几年来才开始不断有学者尝试将引力模型应用于服务贸易领域。一些研究如：弗兰克伊斯（2001，2003）、帕克（Park，2002）将引力模型应用于关税等值的计算。此外，还有一些文献利用引力模型分析贸易壁垒对服务贸易流量的影响（Walsh，2006；Kox and Lejour，2005；Lejour and de Pavia Verheijden，2007；Nicoletti et al.，2003）。之后，引力模型被更加广泛地应用于服务贸易领域，主要的应用方向有：（1）各种基本因素如：收入水平、距离、语言、区域贸易协议等对双边服务贸易流量影响的显著性和影响程度；（2）服务贸易与货物贸易的关系，即服务贸易与货物贸易间差异性和互补性的分析。显然，第二个方向与本论文的研究具有更为直接的相关性。

在这里服务贸易与货物贸易的差异性主要体现为各种因素影响的差异性，如奇穆拉和李（Kimura and Lee，2004）将引力模型应用于 OECD 国

---

① 该模型指出两国（两地区）的双边贸易额与两国（两地区）的经济总量成正比，与两国（两地区）的空间距离成反比。

家的双边服务贸易分析中，结果表明：标准引力模型同样适用于服务贸易；双边服务贸易与两国间距成反比，与两国间收入水平成正比。奇穆拉认为因为服务贸易更加依赖于消费地与生产地间地理位置的邻近性，因此距离变量对于双边服务贸易的影响相对于货物贸易更显著，波特斯和雷（Portes and Rey，2005）、帕克（2002）与之得出了相同的结论，莱杰和威海杰顿（Lejour and de Pavia Verheijden，2004）、伦农（Lennon，2006）所得出的结论则恰好相反。

以上均是基于总量数据的研究，2002 年 OECD 秘书处发布了其 26 个成员方的双边服务贸易的分部门数据，随着数据的可获得性提高，此后许多学者开始利用该数据库进行有关 OECD 国家服务贸易分部门的研究。伦农（2006）在奇穆拉（2004）总量研究的基础上进行了分部门研究，首先，利用基本的引力方程分析了各种影响因素对服务贸易各部门（包括其他商务服务、运输、旅游以及政府服务）与货物贸易影响的差异性；其次，为了克服内生性问题，采用工具变量法分析了双边服务贸易与货物贸易的互补性。伦农得出了与奇穆拉相同的结论，即认为服务贸易的进口在一定程度上会促进货物贸易的出口，因此服务贸易与货物贸易具有互补性。此外，布莱德等（Blyde et al.，2007）从整体以及分部门层面证明了服务贸易对货物贸易的促进作用，结果表明：服务贸易对货物贸易整体上具有显著的促进作用，在分部门研究中，运输和通信服务对货物贸易各部门都有显著促进作用。引力模型分析框架还可被用于针对特定国家或者特定服务部门的研究，比如：弗里温德和韦恩霍德（Freund and Weinhold，2002）专门研究了新通讯技术对美国贸易性服务的影响。阿维亚特和考乌尔达希尔（Aviat and Coeurdacier，2005）则对金融资产的双边贸易情况进行了研究。

近年来，国内也有学者开始将引力模型应用于服务贸易领域的研究。例如，宋雅楠和郭根龙（2008）、周念利（2010）、许统生和黄静（2010）、肖瑶（2012）利用引力模型专门研究了服务贸易流量、增长潜力等问题。王英（2010）则利用 2002~2006 年中国和 22 个 OECD 成员的双边服务贸易和货物贸易的面板数据，通过构建服务贸易引力模型，研究了中国货物贸易对于服务贸易的作用，研究结果显示，中国的货物贸易对于服务的进口贸易起到了一定程度的促进作用，货物贸易对于服务出口的作用则不显著。

2.3

简要评述

生产者服务业对于一国制造业乃至经济发展的作用日益显著且已为众多学者和实践者所重视，生产者服务的中间投入品性质和高知识、技术密集性决定了其在性质、作用和功能上很大程度上有别于传统的消费者服务业，也同时奠定了其作为制造业重要支柱的关键经济地位。生产者服务业与制造业唇齿相依的密切联系也决定了在进行有关制造业或者生产者服务业的研究时应当充分考虑到二者之间的融合互促关系，而不能独立进行。

在理论研究方面，通过对国内外文献进行跟踪和整理可以发现，总体上，对于生产者服务业与制造业的关系研究还处于初步阶段，尤其是在开放经济条件下的理论研究还存在较大的发展空间。理论研究中所使用的分析框架不具备系统性，对于两者相互作用的机制的探讨还相对有限。近几年，国内已有少数文献尝试借助数理模型分析生产者服务业与制造业间的互动关系，但是将贸易因素纳入分析框架的理论研究几乎还没有。

在经验研究方面，许多研究多是利用简单的投入产出分析方法，考察制造业与生产者服务业的产业关联性，另外还有研究主要基于计量模型，侧重于探讨生产者服务业与制造业之间的单向作用效果，然而，同理论研究一样，还很少有经验研究文献考察生产者服务贸易的影响效应，即便有个别文献对于贸易问题有所涉及，但是这一类文献大多是总量分析，且仅能够回答生产者服务业或者生产者服务贸易是否对制造业或其出口贸易有影响这一问题上，忽略了生产者服务业对制造业的影响机制分析。

近两年来，这一领域的研究角度越来越多样化，影响生产者服务业与制造业互动关系的因素、生产者服务业对于制造业的作用渠道等议题都被纳入学者们探讨的框架内。但是整体上，对于生产者服务业与制造业、贸易之间关系的理论机制的进一步讨论还有待深入，对于我国生产者服务业与制造业、贸易之间关系的经验研究还相对匮乏。而这些都是本书所要探讨和试图解决的重点和难点问题，也是本书的贡献所在。究其原因，我国有关生产者服务业研究的滞后性可能是受到数据的可获得性差以及研究方法的局限性等方面因素的影响。为此，笔者将投入产出分析框架下的结构分解分析、投入产出子系统模型以及敏感度分析等多种研究方法引入本书的分析中，从而为该领域的研究提供了新的分析工具和研究思路，也有助于从不同的研究视角考察生产者服务业与制造业之间的关系。因此，可以说，本书的研究是对现有研究的一个补充、拓展和深化。

第3章

开放经济条件下生产者服务业
对制造业的影响机制分析

本章笔者首先分析了生产者服务业对制造业的影响机制，包括"生产成本"节约视角，"交易成本"节约视角，产品价值链延伸视角以及企业服务外部化视角四个方面。其次，进一步考察了生产者服务贸易对制造业的影响机制，包括："交易成本"效应、贸易的福利效应、"雷布津斯基"效应、国际外包效应。

3.1
生产者服务业对制造业的影响机制分析

3.1.1 基于"生产成本"节约的视角

伊斯瓦兰和高特瓦尔（Eswaran adn Kotwal，2001）通过引入非贸易的生产者服务部门证明了一个发展中的农业经济体即使不进行贸易保护的情况下，依旧能够实现从农业国向工业国的转型，而这最主要源自于生产者服务业的发展直接降低了制造业的生产成本。在此笔者将通过一个简单的模型说明生产者服务业通过何种机制影响制造业的生产成本和竞争力。在该模型中生产者服务被作为生产要素，直接进入制造业的生产函数，通过生产者服务的种类增加，带来制造业直接生产成本的下降。同时，生产者服务业具有规模报酬递增的性质，这是由于正如马库森（1989）所说，生产者服务具有知识技术密集性和差异性，其生产往往需要一个较高的初始投资成本，一旦获取了相应的知识，后续的提供成本将会很低，因此已有研究中也大多假设生产者服务市场是垄断竞争的，且通常使用 D－S 垄断竞争框架分析生产者服务业。用 S 代表各类生产者服务投入的组合，即：

$$S = \left\{ \int_0^n \left[s_i \right]^{1-\frac{1}{\sigma}} d_i \right\}^{\frac{1}{1-\frac{1}{\sigma}}}, \ \sigma > 1 \qquad (3.1)$$

其中，σ 为各种生产者服务 s_i 之间的替代弹性，n 为制造业所使用的生产者服务种类。假设生产 s_i 单位的生产者服务需要的劳动为：

$$L_i = as_i + v \qquad (3.2)$$

其中，v 相当于以劳动衡量的生产者服务生产的固定成本，设工资为 w，则边际成本 MC 为：

$$MC = aw \qquad (3.3)$$

由于生产者服务市场是一个垄断竞争的市场，因此每种生产者服务的价格 p_i 与边际成本 MC 之间的关系可以表示为：

$$p_i = \frac{MC}{1 - \frac{1}{\varepsilon}} = \frac{aw}{1 - \frac{1}{\varepsilon}} \qquad (3.4)$$

由垄断竞争市场的零利润条件可得：

$$\prod = p_i S_i - w(ax + v) = 0 \qquad (3.5)$$

结合式（3.4）和式（3.5）可得：

$$S_i = \frac{v(\varepsilon - 1)}{a} \qquad (3.6)$$

与藤田（Fijita，1999）类似，总的生产者服务价格指数为：

$$P(n, \ p_i) = n^{\frac{1}{1-\varepsilon}} p_i = n^{\frac{1}{1-\varepsilon}} \frac{aw}{1 - \frac{1}{\varepsilon}} \qquad (3.7)$$

假设制造业为 C－D 生产函数，表示为：

$$F(L, \ S) = L^{\alpha} S^{1-\alpha} \qquad (3.8)$$

为了考察生产者服务投入对制造业生产成本的影响笔者将问题转化为单位制造业生产成本的最小化问题，即：

$$Min \ C(w, \ P) = wL + PS$$

$$\text{s. t. } F(L, S) = 1$$

根据一阶最优化条件，推导出其成本函数为：

$$C(w, P) = \frac{1}{\alpha}\left(\frac{1-\alpha}{\alpha}\right)^{\alpha-1} w^{\alpha} P^{1-\alpha} = \frac{1}{\alpha}\left[\frac{\alpha\varepsilon a}{(1-\alpha)(\varepsilon-1)}\right]^{1-\alpha} n^{\frac{1-\alpha}{1-\varepsilon}} w \quad (3.9)$$

由上式对 n 求偏导，可得：

$$\frac{\partial C}{\partial n} = \frac{1-\alpha}{n(1-\varepsilon)} C(w, P) \quad (3.10)$$

由于 $\alpha < 1$ 且 $\varepsilon > 1$，可知 $\frac{\partial C}{\partial n} < 0$，由此可以得出随着生产者服务种类 n 的增加，制造业产品的单位生产成本会下降，从而直接提高了制造业的生产效率和竞争力。

3.1.2　基于"交易成本"节约的视角

生产者服务除了可以降低制造业的生产成本，作为连接各个生产阶段的重要投入要素，同时还发挥着纽带和润滑剂的功能，协调和控制各个生产阶段。奥地利学派认为，除了资本密集度提高能提升生产力外，生产过程的重组和迂回也是提高生产力的重要因素。因为更加迂回的生产过程不仅需要使用更为专业的劳动力与更多的资本，而且生产步骤的增多也增加了中间投入的数目。格鲁伯和沃克（1993）认为引用奥地利学派的生产迂回学说，可以清晰地解释生产者服务业与制造业之间的互动关系。格鲁伯和沃克的边际贡献在于，他们基于人力资本和知识资本的概念，重新诠释了生产者服务业在迂回生产中所扮演的角色。他们认为，生产者服务业实质上是在充当人力资本和知识资本的传送器，最终将这两种能大大提高最终产出增加值的资本导入生产过程之中。薛立敏等（1993）进而认为，可以把生产者服务的提供者看作一个专家的集合体，这个集合体提供知识及技术，使生产迂回度增加，生产更加专业化、资本更为深化，并提高劳动和其他生产要素的生产力。可以预见，随着经济的发展，市场容量不断扩大，分工与专业化逐渐深化，经济效率将越来越取决于不同生产活动之间所建立起来的联系的属性，而非取决于生产活动本身的生产率状况。根据奥地利学派的观点，资本深化过程的典型特征，就是伴随有生产的迂回性和专业化的增强。而生产者服务业的成长与发展，无疑是这一观点的现代版例证，因为它本身就是生产迂回性增强与专业化分工深入的重要内容，同时它又伴随着现代新型资本——人力资本和知识资本的深化，而且这一深化过程本身还带有专业化增强的特征。

随着制造业生产环节变得更加迂回、复杂，生产过程中所使用的生产者服务种类增加，分工深化和专业化水平的提高，在这个过程中制造业对生产者服务的需求也相应增加，这一方面促进了服务业发展和服务市场的扩张，另一方面，服务提供成本下降反过来又会进一步促进制造业生产和交易成本的下降，从而进一步带动了制造业的发展，最终形成了一个良性双向互动系统。借鉴弗兰克伊斯（1990），笔者将通过构建一个模型阐述生产者服务是如何促进制造业交易成本下降的。在这个模型中制造企业是垄断竞争的。假设不同的企业使用单一劳动作为生产要素生产差异化的产品，借鉴爱德华兹和斯塔尔（1987），将生产函数表示为：

$$x_j = v^\delta \prod_{i=1}^{v} DL_{ij}^{\frac{1}{v}}, \ \delta > 1 \qquad (3.11)$$

式（3.11）中，DL_{ij} 表示企业 j 生产的产品在第 i 个生产阶段所使用的直接劳动，$v = 1, 2, \cdots, n$ 代表不同的生产阶段，反映了制造业生产的迂回性和专业化程度，v 越大生产越迂回，其专业化程度越高。方程（3.11）的参数是强对称的，基于参数强对称的假设，在专业化水平给定时，分配于每个生产阶段的直接劳动是相同的，因此企业 j 的劳动需求为：

$$DL_j = \sum_{i=1}^{v} DL_{ij} = v^{1-\delta} x_j \qquad (3.12)$$

不同于前一个模型，在本模型中生产者服务不再直接参与生产，而是作为一种间接投入，用于协调制造业专业化的生产过程。基于生产者服务所发挥的协调和联系功能，随着生产阶段 v 的增加和生产过程的复杂化，生产者服务的成本也随之增加。以劳动投入衡量生产者服务的成本，其成本函数为：

$$IL_j = \gamma_1 x_j + \gamma_0 v \qquad (3.13)$$

式（3.13）中，IL_j 代表企业 j 的间接生产活动中投入的生产者服务所需要的间接劳动，可以看到，间接劳动投入量与企业的产出以及生产阶段成正比，即表明随着制造业生产环节变得更加迂回、复杂，生产过程中所使用的生产者服务增加。

在特定的技术以及专业化水平下，直接和间接的劳动会按照不同的比例参与到直接和间接的生产活动中，因此，可以将生产函数表示为：

$$x_j = \min\left[\frac{(IL_j - \gamma_0 v)}{\gamma_1}, \ v^\delta \prod_{i=1}^v DL_{ij}^{\frac{1}{y_j}}\right] \tag{3.14}$$

制造业生产中需要投入直接和间接劳动要素，因此其总的生产成本为直接和间接劳动的工资，结合式（3.12）和式（3.13），可得对应于式（3.14）的成本函数为：

$$C(x_j) = (DL_j + IL_j) \tag{3.15}$$
$$w = \left[v^{1-\delta}x_j + \gamma_0 v + \gamma_1 x_j\right]w$$

制造企业可以通过调整直接、间接劳动投入比以实现其成本的最小化，因此其成本最小化的选择变量为 v，由式（3.15）对 v 求偏导得：

$$v = \left[\frac{(\delta-1)x_j}{\gamma_0}\right]^{\frac{1}{\delta}} \tag{3.16}$$

将式（3.16）代入式（3.15）可得最小化的成本函数为：

$$C^*(x_j) = \left[\delta\left(\frac{\gamma_0}{\delta-1}\right)^{\frac{\delta-1}{\delta}}x_j^{\frac{1}{\delta}} + \gamma_1 x_j\right]w = f(x_j)w \tag{3.17}$$

将式（3.16）分别代入式（3.12）和式（3.13），得到直接劳动和间接劳动的表达式：

$$DL_j = \left(\frac{\delta-1}{\gamma_0}\right)^{\frac{1-\delta}{\delta}}x_j^{\frac{1}{\delta}} \tag{3.18}$$

$$IL_j = x_j^{\frac{1}{\delta}}\left[\gamma_0\left(\frac{\delta-1}{\gamma_0}\right)^{\frac{1}{\delta}} + \gamma_1 x_j^{\frac{\delta-1}{\delta}}\right] \tag{3.19}$$

由式（3.18）和式（3.19）可以得到间接、直接劳动比：

$$\left(\frac{IL}{DL}\right)_j = \gamma_1\left(\frac{\delta-1}{\gamma_0}\right)^{\frac{\delta-1}{\delta}}x_j^{\frac{\delta-1}{\delta}} + (\delta-1) \tag{3.20}$$

假设消费者是兰卡斯特偏好，具有强对称性，因此每一种产品的价格、数量相同，需求弹性都相等，因此下面的表达式中将去掉脚标 j。此外，霍普曼和克鲁格曼（Helpman and Krugman，1985）证明了在兰卡斯特偏好和强对称性假设下，消费者对每一种产品的需求弹性是产品种类数的函数，即：

$$\sigma_j = \sigma(n), \quad \sigma' > 0 \qquad (3.21)$$

制造业产品市场是垄断竞争的，因此具有规模报酬递增和自由进入的特征，每一种企业生产一种产品，假设工资为1，结合式（3.17）可得垄断竞争条件下制造业产品的边际定价条件为：

$$P\left(1 - \frac{1}{\sigma(n)}\right) = f(x)' \qquad (3.22)$$

由于自由进出，价格等于平均成本，因此零利润条件为：

$$P = \frac{AC = f(x)}{x} \qquad (3.23)$$

充分就业条件为：

$$L = \sum_{j=1}^{n}(DL_j + IL_j) = nf(x) \qquad (3.24)$$

式（3.16）反映了产出与专业化水平之间的关系，式（3.20）则反映了产出与间接直接劳动比之间的关系，式（3.22）和式（3.33）则反映了产品种类和产出之间的关系，另外式（3.24）也是产品种类与产出之间的关系。以上五个方程可以得到一个方程系统，具体用图形可以表示为图3-1。其中，由边际定价条件（3.22）和零利润条件（3.23）可以得到 n 和 x 之间的关系，由此可以得到曲线 ZZ。充分就业条件（3.24）给出了另一组 n 和 x 间的关系，可以得到曲线 FF，曲线 FF 和曲线 ZZ 是垄断竞争模型中典型的均衡条件。由式（3.16）和式（3.20）得到图3-1中上方的 $v_{(x)}$ 和（IL/DL）。

如图3-1所示，随着国内市场一体化，劳动力扩张，FF 曲线向右移动，其他曲线保持不变。FF 曲线向右移动后，企业数量 n 增加，企业产出增加，进一步，企业生产规模得以扩张，生产流程被进一步分割为更为细化的不同生产阶段，与此同时，被用于协调、控制各个生产阶段的生产者服务投入增加，结果随着生产活动的扩张间接劳动投入增加，相应的，直接劳动的生产率也提高了。而在这个过程中，生产者服务占比，即间接劳动占比的提高，发挥着至关重要的作用。

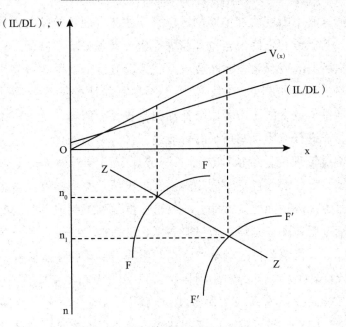

图 3 - 1 核心变量间的相互关系

3.1.3 基于产品价值链延伸的视角

无论是在生产经营、运输物流、市场营销等制造企业的基本价值活动中，还是在企业基础设施、人力资源管理、技术开发、采购等辅助性价值活动中，都包含着生产者服务活动。可以说，这些"无处不在"的生产者服务价值活动是制造企业运营过程中必不可少的成分，并构成了制造企业的产品价值链。大体上看，企业价值链可以分为上、中、下游三个环节。上游环节包括：产品研发、采购管理等为上游环节；中游环节主要指生产加工；下游环节则包括：产品运输、市场营销和售后服务。在这三个环节中，分布于上游、下游两个环节中的基本上都属于生产者服务活动。而根据企业管理理论中著名的"微笑曲线"理论[1]，在附加值观念指导

① 这个理论是宏基集团创办人施振荣在 1992 年为了"再造宏基"提出来的。所谓微笑曲线就是一条 U 形曲线，两端朝上，左边是研发与服务环节，右边是营销与品牌环节，而中间是利润最低的制造组装环节。

下，企业只有不断朝附加值高的区位移动才能实现可持续的发展，即向上游的研发与服务和下游的营销和品牌等生产者服务环节移动。

面临激烈的市场竞争，顾客对产品需求的价格敏感度也越来越高，企业为了寻求更大的利润空间，就不得不尽可能地挖掘其价值链上的增长点，无疑价值链上的生产者服务活动因具备人力资本、技术资本密集性而成为企业在进行成本控制后最有可能进行价值增值的环节。这是由于根据波特的价值链理论，价值链的加工制造环节很容易被模仿，而研发、设计、营销、售后等服务环节则相对不宜被模仿，并且能够获得较长时期的差别化竞争优势，因此制造业企业的价值链以加工制造环节为起点，向研发、营销等服务环节延伸，通过服务延长价值链，获取竞争优势，提升产品价值，这一价值增值过程是制造企业服务内部化的初步阶段，而企业向服务供应商转型的成熟标志是提供"以服务为中心的解决方案"，即企业已不再是产品提供商而成为服务提供商，产品被整合为整个服务的一部分。例如：IBM 过去仅仅是一家硬件制造商，但如今已成功转型为"解决方案提供商"。IBM 的转型历程正是遵循着上述的演进路线。这家曾以各类电脑主机为主要产品的企业在 20 世纪 90 年代初期遭遇了连续三年的亏损，为此，IBM 开始了从单点式产品和服务的供给组合向整合式进化的转型，转型给 IBM 带来了丰厚的回报，2007 年 IBM 已经成为全球最赚钱的公司之一。通过十多年的转型，服务已成为 IBM 业务的关键部分，1994 ~ 2007 年间 IBM 服务的收入额占比从 26% 增长到了 55%。苹果则是另一成功范例，从 1997 ~ 2003 年，苹果的发展战略主要集中于产品创新，虽然也获得了消费者的认可，公司的市值表现却并不理想，2003 年以后，苹果开创了一个全新的商业模式——将硬件、软件和服务融为一体，从而创造了商业史上的一个奇迹。对于苹果公司而言，主要靠两个途径盈利：一是通过销售硬件产品获得一次性的高额利润，二是通过销售音乐及应用程序来获得多次购买的持续利润。iPod、iPhone 还是 iPad 等苹果公司产品要比同类竞争产品的利润高很多，这主要是由于优秀的设计，加上数以万计的音乐以及应用程序的支持，与此同时，也正是由于有上面这些硬件的支持，那些应用程序也更有价值。IBM 和苹果公司由制造型企业向服务型企业的成功转型均有力地证明了生产者服务业对传统制造业价值链延伸、利润空间拓展以及竞争力提升的关键性作用。一些学者甚至认为，随着信息通信技术的发展和广泛应用，传统意义上的服务业与制造业之间的边界将会越来越模糊，两者已经并将进一步呈现出互动融合的发展趋势（Lundvall and Borras，1998；植草益，2001；周振华，2003）。

3.1.4　基于企业服务外部化的视角

制造企业将生产者服务外部化的过程，主要是将战略性的生产者服务活动保留在企业内部，而一般性的生产者服务活动则主要是通过签订合约的方式外购获得，或者利用非完全市场化的组合形式，从其他企业购买生产者服务。具体而言，生产者服务活动的外部化过程主要是通过以下几个方面来提高制造企业的竞争力。

首先，制造企业采纳生产者服务外部化模式有助于分散风险，可以降低企业内部执行这些活动的风险。制造企业无须对与之生产、运营活动相关的生产者服务活动垫付任何资金，也无须为相关员工支付工资或者提供培训，从而将与这些生产者服务活动相关的固定成本转化为可变成本。而外部的服务供应商则通过将生产者服务的生产、销售乃至技术投资的风险分担在各个客户和从事相同的生产者服务活动的供应商上，降低风险的危害。生产者服务外部化模式，同样有助于应对制造企业对生产者服务需求的非标准化和不确定性问题。

其次，能够充分利用生产者服务业的外部规模经济。根据马库森（1989），生产者服务业具有规模经济，这是由于生产者服务具有人力、知识资本密集性，需要较高的初始投入，一旦获得则能够以较低的成本提供。制造企业通过有效利用外部的生产者服务提供渠道，获取专业化的生产者服务，从而降低了企业需要持续雇用的人力资源总量，保障了企业内部核心人力资源的供给。生产者服务外部化模式，促进了制造企业劳动分工扩大化，外部规模经济效应取代了企业的内部规模经济效应和范围经济效应。根据刘明宇等（2010）的研究，制造企业将基本生产者服务活动外部化，主要是为了利用外部生产者服务供应商的规模经济效应，获取产品分工的迂回性增加所带来的报酬递增的效果，以保持制造企业的竞争力。生产企业都希望通过尽可能少的投入来实现其生产经营过程中所需要的生产者服务功能，当通过市场外化的方式比企业自己提供相应的生产者服务效率更高，而花费更低时，生产企业就会毫不犹豫的选择通过外包的方式，来获得相关的生产者服务功能。

最后，提高了生产过程的柔性和管理扁平化程度。以外部购买的生产者服务代替内部供给的生产者服务，制造企业可以迅速地调整其生产规模和业务范围，极大地增加了生产过程的柔性，另外，生产企业能够有效降低其工资、福利和资本支出，使得企业能够将主要精力和资源投放到其具有竞争优势的领域，从而优化公司的管理结构，使公司管理更加扁平化，提高企业核心竞争力（Illeris，1989；Coffey and Bailly，1990）。公司管理的垂直化和扁平化实践，较好地反映了生产企业提高产品竞争力的强烈愿望。

3.2

生产者服务贸易对制造业的影响机制分析

开放经济条件下，在这里主要考察的是生产者服务贸易对制造业出口贸易的影响效应。关于生产者服务贸易对制造业影响机制的分析是建立在货物贸易效应的理论基础之上的。随着研究的不断推进，人们认识到服务不仅被用于最终消费，其更重要的功能性角色是为生产者提供服务，主要的研究大致从两个方面入手分析生产者服务的作用，一方面将生产者服务当做中间产品直接进入生产过程，另一方面则侧重于分析生产者服务协调和联系各生产、交易环节的作用。鉴于生产者服务特殊的功能性作用，相关研究对于生产者服务贸易影响机制的研究又在相关货物贸易理论的基础上有所拓展。本节将生产者服务贸易对制造业出口贸易的影响机制概括为以下四个方面，即交易成本效应、贸易的福利效应、"雷布津斯基"效应以及国际外包效应。

3.2.1 "交易成本"效应

随着经济全球化和分工专业化，制造业的生产活动被越来越多地细分为不同的生产环节，这促使不同的生产环节基于各国的比较优势被进一步分布于不同的国家，而这些位于不同国家的各个生产环节则需要由运输、通信和信息技术等生产者服务活动联系起来。在这一过程中"服务联系活动"[①] 指协调、联系分布于不同国家、不同生产环节的通信、信息、运输等生产者服务活动。由于"服务联系活动"是从事跨国生产的必然要求，因此此类服务业的发展程度和提供成本直接决定了国际分工的广度和深度，并进一步决定了制造业贸易的发展。作为此类服务的重要部门，迪尔朵夫（2001）以运输服务为例，比较了服务部门由封闭到开放情形的下货物贸易运输成本的差异，进而分析了生产者服务贸易是如何降低制造业贸易成本的。在该模型中，重点刻画了运输服务连接和协调贸易各交易环节的作用。基于比较优势理论和要素禀赋理论，假设某国运输服务的单位成本函数取决于技术以及该国的要素禀赋，可表示为：

$$c(A, w) \tag{3.25}$$

假设现在有数量为 Q 的一批制造业产品将从 x 地运输到 y 地，主要的运输方式为卡车运输。则可以将这批货物的运输成本表示为：

$$C = c_0 + c_1 Q + c_2 D_{xy} + c_3 Q D_{xy} \tag{3.26}$$

其中，c_0 表示固定成本，与货物数量与运输距离无关；c_1 表示仅与货物数量相关的单位货物成本，如装卸货的费用等；c_2 表示仅与运输距离相关的单位距离成本，例如：卡车司机的工资与货物数量无关而与工作时间有关，而工作时间又取决于运输距离的远近，因此卡车工人的工资与运输距离相关；c_3 表示与货物数量和运输距离都相关的成本，如运输过程中所消耗的柴油。

结合式（3.25）和式（3.26），这批货物运输成本函数可以表示为：

$$C = C(Q, D; A, w) \tag{3.27}$$

现假设有一批制造业产品要从 H 国出口到 F 国，但是由于 H 国的运输服务提供商无法在 F 国国境内运营，同样 F 国的运输服务提供商也不能在 H 国国境内运营，因此需要在两国间的某一点 Z 进行交易，H 国的卡

[①] 需要说明的是"服务联系活动"不包括联系生产和消费环节的服务活动，也不包括作为中间要素，直接投入于制造业生产过程的生产者服务。

车在 Z 点卸货，并装载到 F 国的卡车上，由 F 国的卡车将货物运回国内。由此，可以将这批货物总共的运输成本表示为：

$$C^{HF} = C^H(Q, D_{HZ}; A^H, w^H) + C^F(Q, D_{ZF}; A^F, w^F)$$

$$= (c_0^H + c_0^F) + (c_1^H + c_1^F)Q + c_2^H D_{HZ} + c_2^F D_{ZF} + c_3^H Q D_{HZ} + c_3^F Q D_{ZF} \quad (3.28)$$

这批货物的单位运输成本 AC 则为 H 国在距离 HZ 间的成本与 F 国在距离 ZF 间的单位运输成本之和：

$$AC = AC^H(D_{HZ}) + AC^F(D_{ZF})$$

$$= \frac{c_0^H + c_0^F}{Q} + (c_1^H + c_1^F) + \frac{c_2^H D_{HZ} + c_2^F D_{ZF}}{Q} + (c_3^H D_{HZ} + c_3^F D_{ZF}) \quad (3.29)$$

假设 H 国和 F 国相互开放其运输服务领域，即两国的运输服务提供者可以在对方的国家运营，同时也允许第三方运输服务提供商在国内运营，那么此时就无须在 Z 点进行货物的卸载和重新装运，只需效率最高的运输服务提供商（假设为 L 国的提供商）将货物直接从 H 国运往 F 国。此时的单位运输成本变为：

$$AC^L(D_{HF}) = \frac{c_0^L}{Q} + c_1^L + \frac{c_2^L D_{HF}}{Q} + c_3^L D_{HF} \quad (3.30)$$

此时的单位运输成本显然要低于未开放时的情况，将二者间的差额可以进一步分解为：

$$AC - AC^L(D_{HF}) = AC^H(D_{HZ}) + AC^F(D_{ZF}) - AC^L(D_{HF})$$

$$= [AC^H(D_{HZ}) - AC^L(D_{HZ})] + [AC^F(D_{ZF}) - AC^L(D_{ZF})]$$

$$+ \left(\frac{c_2^L}{Q} + c_3^L\right)[(D_{HZ} + D_{ZF}) - D_{HF}] + \left(\frac{c_0^L}{Q} + c_1^L\right) \quad (3.31)$$

如上式（3.31）中第一行为传统的比较优势贸易利得，这是由于此时可以选择具有更高运营效率的 L 国的运输服务提供商从而带来的成本的降低。该贸易利得的大小取决于 3 个国家之间服务提供商效率的差距。式（3.31）的第二行为运输距离减少带来的成本节约，这是由于（D_{HZ} + D_{ZF}）≥D_{HF}，在现实中等号基本不成立，所以这一运输成本的节约总是大于零的。式（3.31）的第三行为固定成本的下降带来的成本节约，固定成本与运输距离无关，而与运货批次有关，当货物由两个运输提供商分两段距离运输转为全程由一个运输提供商分一段运输，一整套的固定成本就会被节约下来。

除了以上模型中可以直接分解并体现出来的效应以外。事实上，第三方服务的引入还会带来时间成本的节约，同时避免了烦杂的手续和管制成本，促进国内外服务提供的国际竞争从而提高服务提供方整体的运营效率。以上分析虽然是基于运输服务的研究，但是对于其他的贸易性服务，如保险服务、信息通信服务和金融服务等，这些利得在某种程度上依然存在，并会促进货物贸易的发生，模型强调的是生产者服务协调和连接各个生产阶段的纽带作用。

3.2.2　贸易的福利效应

生产者服务作为一种生产要素，是现如今全球要素贸易的重要组成部分，同时也无疑是对货物贸易的一种有力补充。从贸易所带来的福利效应看，首先，相较于生产者服务不参与贸易的封闭情形下，贸易国双方福利均提高了，这是由于当生产者服务贸易发生时，贸易双方的扭曲部门均会经历一个生产的扩张，从而有助于缓解价格超过边际成本时货物贸易价格的扭曲，而这是贸易利得的充分条件；其次，至少从世界范围来看，存在生产者服务贸易要优于仅有货物贸易的情形；最后，由于生产者服务是一种知识、技术密集性且具有高异质性的中间投入，生产者服务贸易的发展会给贸易国带来正的技术外部性。

接下来，将通过一个两部门（部门 X 和部门 Y）的一般均衡模型来考察生产者服务贸易的福利效应。假设一个竞争性部门生产 Y 产品，Y 为计价部门，需要投入劳动和特定资本要素 K，Y 的生产函数为：

$$Y = G(L_y, K); G_I > 0, G_{II} < 0 \qquad (3.32)$$

另一个竞争性部门 X 的生产函数为：

$$X = \left[\sum_{i=1}^{n} S_i^{\beta}\right]^{\frac{1}{\beta}}, 0 < \beta < 1 \qquad (3.33)$$

式（3.33）中，S_i 表示生产者服务投入，对于 S_i 的生产只需要投入劳动，每一个企业生产一种服务且具有规模报酬递增、垄断竞争的性质，为使问题可解，假设 S_i 的生产函数均是相同且是对称的，但在 X 的生产过程中是不完全替代的。以 Y 为计价产品，那么以劳动力为单位，S_i 的成本函数可以表示为：

$$wS_i + wF \qquad (3.34)$$

其中，w 为工资率，F 为以劳动力为单位的固定成本。

用 P 表示产品 X 的价格，X 部门的社会最优配置可由以下规划问题解得：

$$\text{Max}\pi = P\left[\sum_{i=1}^{n} S_i^{\beta}\right]^{\frac{1}{\beta}} - \sum_{i=1}^{n}(wS_i + wF) \qquad (3.35)$$

由于 S_i 是对称的，则各个 S_i 的数量是相同的，因此有 $\sum S_j = nS_i$（n 是内生的）一阶最优化条件为：

$$\frac{\partial \pi}{\partial S_j} = \frac{P}{\beta}\left[n(S_j)^{\beta}\right]^{\frac{1-\beta}{\beta}}\beta S_j^{\beta-1} - w = Pn^{\frac{1-\beta}{\beta}} - w = 0 \qquad (3.36)$$

$$\frac{\partial \pi}{\partial n} = \frac{P}{\beta}n^{\frac{1-\beta}{\beta}}S_j - wS_j - wF = 0 \qquad (3.37)$$

由式（3.36）和式（3.37）可得社会最有均衡解为：

$$S_j = \left(\frac{\beta}{1-\beta}\right)F$$

$$n = \left(\frac{w}{p}\right)^{\frac{\beta}{1-\beta}} \qquad (3.38)$$

生产 S_i 的企业所面临的价格是生产 X 时 S_i 的边际产品，结合一阶条件可得：

$$r = \frac{P}{\beta}\left[n(S_j)^{\beta}\right]^{\frac{1-\beta}{\beta}}\beta S_j^{\beta-1}$$

$$= q\beta S_j^{\beta-1}$$

$$q \equiv \frac{P}{\beta}\left[n(S_j)^{\beta}\right]^{\frac{1-\beta}{\beta}} \qquad (3.39)$$

由于生产者服务市场是垄断竞争的，因此对于每一个服务提供商而言，X 及其价格 P 都是外生的，那么上式中的 q 就是固定的。服务提供企业的规划问题便为：

$$\text{Max}\pi^* = (q\beta S_i^{\beta-1})S_i - wS_i - wF \qquad (3.40)$$

结合式（3.39）中 q 的表达式，关于 S_i 的一阶最优化条件为：

$$\frac{\partial \pi^*}{\partial S_i} = q\beta^2 S_i^{\beta-1} - w = p\beta n^{\frac{1-\beta}{\beta}} - w = 0 \qquad (3.41)$$

零利润条件为：

$$\pi^* = q\beta S_i^{\beta} - wS_i - wF = \left(\frac{P}{\beta}\right) n^{\frac{1-\beta}{\beta}} \beta S_i - wS_i - wF = 0 \qquad (3.42)$$

市场均衡垄断竞争最优解为：

$$S_i = \left(\frac{\beta}{1-\beta}\right)F$$

$$n = \left(\frac{w}{P\beta}\right)^{\frac{\beta}{1-\beta}} \qquad (3.43)$$

比较社会最优条件下的均衡解式（3.38）和垄断竞争市场最优解式（3.43）可知，每个企业生产的服务数量是相同的，服务部门的扩张主要体现为种类 n 的增加。

若劳动力给定，则最优社会均衡和市场均衡的工资率 w 及服务种类 n 应该是相同的，那么由式（3.43）可知，市场均衡条件下的 X 产品价格更高，并会超过边际转换率 MRT，MRT 的表达式为：

$$MRT = \frac{MP_y}{MP_x} = \frac{G_l}{n^{\frac{1-\beta}{\beta}}} \qquad (3.44)$$

均衡价格 P 为：

$$P = \frac{MP_y}{MP_x^*} = \frac{G_l}{\beta n^{\frac{1-\beta}{\beta}}} \qquad (3.45)$$

由 $0 < \beta < 1$ 以及式（3.44）和式（3.45）可知：

$$P > P\beta = MRT \qquad (3.46)$$

为了考察生产者服务的贸易效应，下面需要回答的是当生产者服务参与贸易时，一国相较于封闭情形下的福利状况是否有所改善。假设产品 Y 以及生产者服务 S 可贸易，而产品 X 不可贸易，则 S 的要素价格 r 实现均等化，产品价格 $P = \frac{r}{n^{\frac{1-\beta}{\beta}}}$ 也实现均等化。

生产者服务贸易用下标 s 表示，封闭情形用下表 a 表示，当且仅当以下条件成立时生产者服务贸易要优于封闭情形，即：

$$C_{ys}^H + P_s C_{xs}^H \geq C_{ya}^H + P_s C_{xa}^H \qquad (3.47)$$

收支平衡条件和市场出清条件分别为：

$$C_{ys}^H + P_s C_{xs}^H = Y_s^H + r_s n_s^H S$$
$$C_{ya}^H = Y_a^H$$
$$C_{xa}^H = X_a^H \qquad (3.48)$$

将式（3.47）代入式（3.48）可得表达式：

$$Y_s^H + r_s n_s^H S \geqslant Y_a^H + P_s X_a^H$$

将式（3.48）两边均减去生产者服务贸易条件下的要素报酬，则方程变为：

$$0 \geqslant (Y_a^H - w_s L_{ya}^H - k_s K^H) + (P_s X_a^H - w_s L_{xa}^H) \qquad (3.49)$$

不等式左边为零是由于 X 和 Y 部门零利润条件决定的。不等式右边第一项肯定不大于零，这是由于在生产者服务贸易条件下的要素价格，封闭的要素配置方式 $\dfrac{K^H}{L_{ya}^H}$ 一定不是最优的，因此利润为负。由此，若要使上式成立，则不等式右边第二项应小于零，即：

$$\left[P_s - w_s \left(\frac{L_{xa}^H}{X_a^H} \right) \right] X_a^H < 0 \qquad (3.50)$$

可以证明，当 $n_s = n_s^H + n_s^F > n_a^H$ 且 $n_s = n_s^H + n_s^F > n_a^F$ 时，

$$\frac{L_{xa}^H}{X_a^H} > \frac{P_s}{w_s}$$

因此式（3.49）成立。由此可知，通过生产者服务贸易，H 国的福利水平提高了，同样的方法，可以证明对于 F 国也是如此。这就说明当允许生产者服务参与贸易时，贸易双方均能从中获益，从而带来两国福利的提高。

3.2.3 "雷布津斯基" 效应

生产者服务贸易可以通过多种渠道和机制促进货物贸易的发展，马祖姆达（Mazumdar，2005）将一国通过生产者服务的进口促进其产出，进而促进出口贸易的这一效应称为产出效应或者"雷布津斯基"效应，并指出这一效应对于发展中国家尤是如此。这是由于发展中国家可能会受到

自身技术、硬件设施等方面的限制，而无法提供一些中间服务，使其原本具有比较优势的最终产品无法生产出来，通过生产者服务的进口则恰好能够弥补这一不足（Markusen，2000）。例如，海湾地区是世界最大的石油产地和供应地，而将石油推向市场则需要专业的知识和技能，此时国外专业知识的输入则能创造成倍的利润回报。

当然，产出效应，即"雷布津斯基"效应也需要在特定条件下才会发生，即某一国进口的生产者服务应当是贸易部门而不是非贸易部门所匮乏的生产要素，进口生产者服务应当被更多的用于出口部门，只有在这一条件下生产者服务才能促进出口贸易，反之，若进口的生产者服务被更多的用于非贸易部门，则生产者服务的进口很有可能会阻碍出口贸易的发展。

3.2.4　国际外包效应

伴随着经济全球化和跨国公司的迅速发展，分工深化且精细化，在要素流动性提高的前提下，流动要素可以在全球范围内寻求最佳的非流动要素与之相匹配，不同的生产环节基于各国的比较优势被分布于不同的国家。其中最为引人注目的现象是伴随着生产环节精细化、生产分割、价值链延伸而带来的价值链某些环节的"外包"。外国服务的国际提供在促进货物出口方面的例子不胜枚举，例如，印度的 DHL 是全球最大的空运服务提供商，其全球医疗快运服务解决了医药和生命科学产业在物流运输中的温度控制问题，从而使印度成为医药产业的全球外包港的同时，也促进了这一领域的国际贸易。

从企业内部的制造和生产者服务的关系看，这种产业的战略配置主要体现为两方面：一是专注于产业链中创造价值的高端活动，把与技术活动和市场活动等有关的生产者服务活动牢牢抓在手中，而把缺乏比较优势的制造活动转移出去，自己则逐步成为从事服务增值为主的专业化服务厂商，例如，美国的耐克公司将研发环节留在美国，而将产品的生产和制造环节则外包给劳动力成本较低的拉美和亚洲的发展中国家；二是在某些高技术的产业中，为了控制技术的泄密或集中精力做深做精产品，把某些服务过程外包，如全球性的软件外包。这些活动不仅促进了中间投入品厂商的独立，催生了中间投入服务业，即生产者服务业的兴起，同时，"国际外包"趋势又拉动了其他国家相对低端的制造业和某些需要高强度利用劳动力资源的中间服务业的发展。

3.2.5 其他

除了前文中所提到的几种效应，生产者服务贸易很大程度上可以弥补国内生产者服务市场发展不足的缺陷，为国内制造业提供更加多样化的生产者服务，从而产生要素服务的"多样化"效应，这是由于制造业对生产者服务的需求会有很大的差异性，而国内服务市场很难满足制造业对要素服务投入的多样化需求，特别是在国内要素服务市场规模有限的情况下，通过参与全球服务市场，成为服务的"发包国"，能够更加有效的满足制造业的服务多样化需求。另外，通过鼓励生产者服务贸易，引入国外要素服务，还能产生"竞争效应""溢出效应"，倒逼国内要素服务提供企业提升服务供给质量，向外国服务提供者学习，以更好的满足、适应本土制造业的服务需求。

3.3
本章小结

存在于制造企业内部与外部的生产者服务之间并非简单的替代关系，而是互补关系（Farrell，1995），随着制造企业"内部化"能力的提升，会对外部生产者服务产生更多的需求，从而促使生产者服务"内部化"和"外部化"同时发生。通常认为，制造业的服务内部化过程是制造业转型升级、产品价值链提升、附加价值增加的一大趋势，而制造业的服务外部化过程则促进了生产者服务业的诞生和发展，伴随着生产者服务业的发展，服务提供成本下降，作为制造业的重要生产要素，这反过来又促进了制造业成本的下降和产品竞争力的提高。

在已有的理论文献中，如弗兰克伊斯（1990，1996）、马库森（1989）、马里维吉克等（1997）、伊斯瓦兰和高特瓦尔（Eswaran and Kotwal，2002）等，不管生产者服务扮演着什么样的角色，作为直接投入要素，抑或作为间接投入要素，其发挥作用的前提条件都是生产者服务种类的增加，这反映了生产者服务的多样性和差异性。这是由于，各个制造企业因自身的实际情况对服务种类的需求都会存在或多或少的不一样，因此在理想的情况下，生产者服务的种类会无穷大，但是现实中，受到市场规模、固定成本种种因素的限制，服务种类会在一定水平上达到最优。

通过第 2 章的文献综述，我们知道生产者服务业作为一种高级的中间投入要素，具有向制造企业输送人力资本、知识资本的"传送器"作用，同时也是连接制造业生产过程中各个阶段的纽带，具有"润滑剂"的功能，并进而有助于企业竞争力的提高。而制造企业往往出于发展战略的考虑，基于外部环境的差异，在生产者服务的"使用程度"和"使用方式"上做出选择，因为这一决定直接影响到企业的成本结构、组织结构，以及区位选择。"使用程度"指的是生产者服务的投入量是多还是少，在这里，我们将制造业更多的使用生产者服务作为中间投入品，称为制造企业的"服务化"过程。而"使用方式"则指的是生产者服务的获得方式，即通过内部提供或是外部购买，我们将制造企业提高其自身的生产者服务供给称为"生产者服务内部化"过程，而制造企业将原本由内部从事的服务活动外包给专门的服务提供企业承担，称为制造企业的"生产者服务外部化"过程。

可以说，生产者服务业通过"服务化"渗透进制造企业的生产、运营等方方面面的活动中，而制造企业的"服务化"过程又是通过"外部化"和"内部化"这两种方式实现的。一方面，制造企业正是通过这一"服务化"过程，在"内部化""外部化"间进行动态调整，合理利用生产者服务，充分发挥其作为其高级生产要素的"外溢效应"；另一方面，制造业的"服务化"程度，以及制造业对生产者服务的"内部化"与"外部化"程度也间接地决定了生产者服务业的发展进程，从而形成了生产者服务业与制造业之间的良性互动系统。另外，"内部化"与"外部化"也反映了生产者服务业的两种存在形态，即存在于制造企业内部的生产者服务和存在于制造企业外部的生产者服务。

第 **4** 章

中国制造业增加值增长的
驱动因素分析

——基于 IO – SDA 的实证研究

4. 1

引言

本章将考察生产者服务业对制造业增加值增长的贡献。本章利用中国 2002~2007 年可比价的进口非竞争型投入产出表,采用投入产出结构分解分析方法[①],以制造业增加值增量作为研究对象,将制造业增加值增长量的驱动因素分解为 15 个因素[②],以考察增加值率变动,中间需求变动以及最终需求变动的贡献度。首先,以制造业增加值作为考察对象较之以往研究中以产出为对象更具现实意义;其次,可比价进口非竞争型投入产出表的使用能够剔除价格以及进口因素的影响,从而使得测算结果更加真实准确;此外,本章将制造业增加值变动的影响因素尽可能细分,从而将产

---

① 投入产出结构分解法不仅可以考虑经济变量间直接的技术效应、终端需求效应等,而且更为关键的是通过考察变量在其他部门的间接效应,从而使得该方法对研究经济结构变化背后的影响因素更为严谨(Dietzenbacher and Los,2000;Hoekstraand Van Den Bergh,2003)。在国内外,该方法被广泛应用于能源环境领域问题的研究中,用以考察生产结构或技术变动对贸易含碳量、污染物排放以及能源消耗的影响。

② 包括:增加值率因素、9 个中间投入技术因素和 5 个最终需求因素;9 个中间投入技术因素分别为:制造部门、服务部门、其他部门的中间投入水平变动因素,制造部门、服务部门、其他部门的中间投入结构变动因素,制造部门与服务部门、制造部门与其他部门以及服务部门与其他部门间的中间投入结构变动因素;5 个最终需求因素分别为:制造业结构变动、第二第三产业间结构变动、三次产业间结构变动、最终需求结构变动和最终需求水平变动因素。

业间、产业内、部门间、部门内的不同影响效应尽可能从总效应中剥离；最后，不管是在理论上还是实践中，国内外大量研究都验证了制造业与服务业，尤其是与生产者服务业之间唇齿相依的双向互动关系（Cohen，1987；Bhagwati，1984；Guerrieri and Meliciani，2005；郑吉昌和夏晴，2004；胡晓鹏和李庆科，2009），基于此，本章重点考察了服务业与制造业中间投入结构变动效应①，以及其他与服务业相关的变动因素对制造业增加值的影响，并进一步分析其影响效应背后的原因，由此得出的结论和政策建议则更具有经济和现实意义。

纵观世界上经济实力雄厚的发达经济体，无一例外地都拥有先进的制造业作为基础，而制造业增加值往往是衡量一国制造业发展最为直接且重要的指标。1990 年，中国制造业增加值超过巴西，位居发展中国家和地区之首；2000 年，中国制造业增加值占全球的比重达 7.0%，仅次于美国、日本和德国，位居第四；2004 年，这一比重提高至 10%，中国制造业增加值排名超过德国，上升至世界第三位，2006 年，中国制造业增加值在总量上首次超过日本，位居世界第二②。由图 4 - 1 可以看出中国制造业增加值在 2000 年后呈现出高速增长的态势。可以说，制造业已经成为中国第二产业以及经济发展的引擎和重要推动力，不管是在现实中还是理论上这一结论已经得到了普遍认同，学术界也有不少研究专门考察了制造业的发展问题。

然而，国内有关制造业的大部分研究都是围绕着"哪些因素能够促进制造业发展"这一主题展开，如卫迎春和李凯（2010）考察了行业集中度、研发投入、人均资本等因素对中国制造业国际竞争力的影响，冯晓华和张玉英（2009）、李广众和沃恩（Lan P. Voon，2004）专门考察了汇率因素的作用，此类研究还有吴延兵和米增渝（2011）、钱学锋等（2011）。在这些文献中制造业的发展主要体现为国际竞争力的提升、全要素生产率的提高以及结构转型升级这几个方面。一方面，这些研究选取的指标更为

---

①　根据后文模型部分对制造业与服务业中间投入结构效应的定义可知，这一效应反映了制造业、服务业在生产过程中的"中间投入结构"变动对制造业增加值的影响，"中间投入结构"变动即表示中间服务投入和中间制造品投入之间的替代关系。

②　数据来源于：http://paper.people.com.cn/rmrbhwb/html/2008 - 04/18/content_48354088.htm。

间接，几乎很少有文献以制造业增加值这一最为直观的指标作为考察对象。另一方面，这类文献大多强调外部经济因素与制造业的关系，却忽略了制造业发展背后的投入产出结构因素和机制分析。中国制造业增加值的高速增长究竟受到哪些因素的驱动？又有哪些因素成为制约我国制造业进一步攀升的障碍？无疑，在后危机时代中国制造业普遍发展乏力的背景下，对这些问题的研究和探讨也具有重要的现实意义。

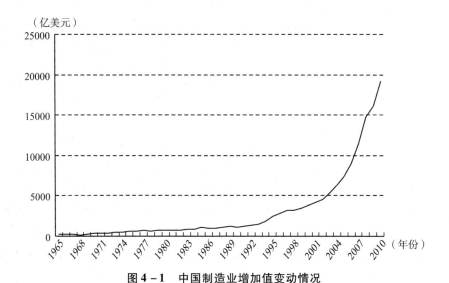

图 4-1　中国制造业增加值变动情况

资料来源：世界银行统计数据库，http：//data. worldbank. org/indicator/NV. IND. MANF. CD.

4.2
模型构建和数据来源

4.2.1　模型构建

投入产出模型的基本恒等式可以用式（4.1）表示：

$$x = Ax + y \tag{4.1}$$

求解式（4.1），可以得到满足最终需求所需的产出水平，如式

（4.2）所示：

$$x = (I - A)^{-1}y = Ly \qquad (4.2)$$

式（4.2）中，x 是总产出向量，y 是最终需求向量，$L = (I - A)^{-1}$ 是里昂惕夫逆矩阵，反映了各个部门最终使用对其他部门产品的完全消耗情况。由此可知，增加值向量可以写为：

$$V = vx = v(I - A)^{-1}y = vLy \qquad (4.3)$$

其中，V 是增加值向量，v 是增加值率的对角矩阵。根据式（4.3），增加值的变化量可以分解为：

$$\Delta V = \Delta v L_t y_t + v_{t-1}\Delta L y_t + v_{t-1}L_{t-1} \qquad (4.4)$$
$$\Delta y = \Delta V_v + \Delta V_L + \Delta V_y$$

其中，ΔV_v 是增加值率变动引起的增加值的变化，ΔV_L 表示中间投入结构变化引起的增加值的变化，ΔV_y 表示最终需求的变化引起的增加值的变化。在式（4.4）中，中间投入变化和最终需求变化又可以进行进一步的分解，具体分解方法如下。

1. 中间投入技术变化的分解

笔者选用乘法分解法（Lin et al.，1995）对中间投入技术变化 ΔL 进行分解：

$$\Delta L = L_t \Delta A L_{t-1} \qquad (4.5)$$

首先将所有产业部门分为三类，包括：制造业部门、服务部门和非制造业非服务业部门（后文简称为"其他部门"，具体部门细分见表 4-2），然后，对 ΔA 进行进一步分解：

$$\Delta A = (A_t^M - A_{t-1}^M) + (A_t^S - A_{t-1}^S) + (A_t^N - A_{t-1}^N) = \Delta A^M + \Delta A^S + \Delta A^N \qquad (4.6)$$

其中，A_t^M 和 A_{t-1}^M 分别表示制造业部门的行元素为 t 期和 t-1 期的值，其余行的元素均为零；A_t^S 和 A_{t-1}^S 分别表示服务部门的行元素为 t 期和 t-1 期的值，其余行的元素均为零；A_t^N 和 A_{t-1}^N 分别表示其他部门的行元素为 t 期和 t-1 期的值，其余行的元素均为零。接着，进一步对 ΔA^M、ΔA^S 和 ΔA^N 进行分解。

$$\Delta A^M = (A_t^M - C_{t(t-1)}^M) + (C_{t(t-1)}^M - C_{t(t-1)}^{M(MS)})$$

$$+ (C_{t(t-1)}^{M(MS)} - C_{t(t-1)}^{M(MSN)}) + (C_{t(t-1)}^{M(MSN)} - A_{t-1}^{M})$$

$$= \Delta A_H^M + \Delta A_C^{M(MS)} + \Delta A_C^{M(MN)} + \Delta A_C^M \qquad (4.7)$$

其中，矩阵 $C_{t(t-1)}^M$ 第 i 行 j 列中的元素为 $\left[\dfrac{a_{ij(t)}^M}{\sum_i a_{ij(t)}^M} \right] \cdot \sum_i a_{ij(t-1)}^M$，表示制造业部门以 $t-1$ 期的水平和 t 期的结构投入生产；矩阵 $C_{t(t-1)}^{M(MS)}$ 第 i 行 j 列中的元素为 $\left[\dfrac{a_{ij(t)}^M}{\sum_i a_{ij(t)}^{MS}} \right] \cdot \sum_i a_{ij(t-1)}^{MS}$，表示制造业部门和服务部门作为整体，以 $t-1$ 期的水平和 t 期的结构投入生产；矩阵 $C_{t(t-s)}^{M(MSN)}$ 第 i 行 j 列中的元素为 $\left[\dfrac{a_{ij(t)}^M}{\sum_i a_{ij(t)}^{MSN}} \right] \cdot \sum_i a_{ij(t-1)}^{MSN}$，表示制造业部门、服务业部门和其他部门作为整体，以 $t-1$ 期的水平和 t 期的结构投入生产。因此，ΔA_H^M 表示制造业部门的中间投入水平变动效应；$\Delta A_C^{M(MS)}$ 为制造业部门和服务部门的中间投入替代效应；$\Delta A_C^{M(MN)}$ 为制造业部门与其他部门间的中间投入替代效应；ΔA_C^M 则表示制造业各部门内部的中间投入替代效应。

采用相同的方法，可以将 ΔA^S 和 ΔA^N 进一步分解为：

$$\Delta A^S = \Delta A_H^S + \Delta A_C^{S(SM)} + \Delta A_C^{S(SN)} + \Delta A_C^S \qquad (4.8)$$

$$\Delta A^N = \Delta A_H^N + \Delta A_C^{N(NM)} + \Delta A_C^{N(NS)} + \Delta A_C^N \qquad (4.9)$$

式（4.8）和式（4.9）中各符号的含义与式（4.7）相类似，可以类比得出，在此就不再赘述。将 $\Delta A_C^{S(SN)}$ 和 $\Delta A_C^{N(NS)}$ 之和简写为 ΔA_C^{NS}，表示服务部门和其他部门中间投入变动的总替代效应；将 $\Delta A_C^{N(NM)}$ 与 $\Delta A_C^{M(MN)}$ 之和简写为 ΔA_C^{MN}，表示制造业部门和其他部门中间投入变动的总替代效应；将 $\Delta A_C^{M(MS)}$ 与 $\Delta A_C^{S(SM)}$ 之和简写为 ΔA_C^{MS}，表示制造业部门和服务部门中间投入变动的总替代效应。

结合式（4.7）、式（4.8）、式（4.9），可以将中间投入结构变动引起的制造业增加值变动分解为：

$$\Delta A = \Delta A_H^M + \Delta A_H^S + \Delta A_H^N + \Delta A_C^{MS} + \Delta A_C^{MN} + \Delta A_C^{SN} + \Delta A_C^M + \Delta A_C^S + \Delta A_C^N$$

$$(4.10)$$

由式（4.5）和式（4.10），可以将中间投入技术变动引起的产出变

化 ΔV_L 分解为：

$$\Delta V_L = v_{t-1}L_t\Delta A_H^M L_{t-1}y_t + v_{t-1}L_t\Delta A_H^S L_{t-1}y_t + v_{t-1}L_t\Delta A_H^N L_{t-1}y_t$$
$$+ v_{t-1}L_t\Delta A_C^{MS} L_{t-1}y_t + v_{t-1}L_t\Delta A_C^{MN} L_{t-1}y_t + v_{t-1}L_t\Delta A_C^{SN} L_{t-1}y_t$$
$$+ v_{t-1}L_t\Delta A_C^M L_{t-1}y_t + v_{t-1}L_t\Delta A_C^S L_{t-1}y_t + v_{t-1}L_t\Delta A_C^N L_{t-1}y_t \qquad (4.11)$$

2. 最终需求水平变化的分解

上文式（4.2）中最终需求水平 y 可以进一步写为：

$$y = MNOSy' \qquad (4.12)$$

其中，最终需求包括消费、固定资本形成和出口三个部分。笔者将经济系统划分为 37 个细分部门（具体分类见表 4-2）。这里矩阵 M 是一个 37×111 阶的矩阵，刻画了经济系统第三层次的结构，即以最终需求衡量的制造业内部结构。对于制造业部门而言，当 $8 \leqslant i \leqslant 22$，$1 \leqslant k \leqslant 3$ 时，矩阵 M 的元素 $m_{i,3(i-1)+k}$ 表示第 k 类的最终需求中来自于制造业部门 i 的价值在所有制造业部门产品中的份额。当 $1 \leqslant i \leqslant 7$ 或 $23 \leqslant i \leqslant 37$，$1 \leqslant k \leqslant 3$ 时，其元素 $m_{i,4(i-1)+k} = 1$，因为除 15 个制造业部门外，其余 22 个部门都是直接从经济系统第一、二层次部门划分中未被进一步细分而直接保留下来的部门。此外，其余元素均为 0。

N 是 111×111 阶对角矩阵，它刻画了经济系统第二层次的结构，即以最终需求衡量的第二产业和第三产业内部加总部门的结构。对于农业部门而言，即当 $i = 1$ 时，其对角元素 $n_{1,1} = n_{2,2} = n_{3,3} = 1$，因为农业是直接从经济系统第一层次部门划分中未被进一步细分而直接保留下来的部门。当 $2 \leqslant i \leqslant 5$ 时，其对角元素 $n_{3(i-1)+k,3(i-1)+k}$ 表示第 k 类的最终需求中来自采掘业部门 i 的国产品价值在第二产业产品中的份额。当 $6 \leqslant i \leqslant 7$ 时，其对角元素 $n_{3(i-1)+k,3(i-1)+k}$ 表示第 k 类的最终需求中来自于电力热力的生产和供应业以及建筑业的国产品价值分别在第二产业产品中的份额。当 $8 \leqslant i \leqslant 22$ 时，其对角元素 $n_{3(i-1)+k,3(i-1)+k}$ 表示第 k 类的最终需求中来自于制造业的国产品价值在第二产业产品中的份额。当 $23 \leqslant i \leqslant 37$ 时，其对角元素 $n_{3(i-1)+k,3(i-1)+k}$ 表示第 k 类的最终需求中来自于各个服务业部门 i 的国产品价值在第三产业产品中的份额。

O 是 111×3 阶矩阵，它刻画了经济系统第一层次的结构，即以最终需求衡量的三次产业间结构。对于农业部门而言，即当 $i=1$ 时，$1 \leq k \leq 3$，其元素 $n_{3(i-1)+k,k}$ 表示第 k 类的最终需求中，第一产业即农业提供的产品份额。当 $2 \leq i \leq 22$，$1 \leq k \leq 3$ 时，其元素 $n_{3(i-1)+k,k}$ 表示第 k 类的最终需求中，第二产业提供的产品份额。当 $23 \leq i \leq 37$，$1 \leq k \leq 3$ 时，其元素 $n_{3(i-1)+k,k}$ 表示第 k 类的最终需求中，第三产业提供的服务的份额。

S 是 3×1 阶对角矩阵，它刻画了最终需求的分配结构，其元素 $S_{k,1}$ 表示第 k 类的最终需求在最终需求总量中所占的份额。y' 为标量，即国产品的最终需求总量。

由式（4.4）可知，由最终需求引起的各部门增加值在 $t-1$ 期到 t 期之间的变化量可以分解为：

$$
\begin{aligned}
\Delta V_y &= v_{t-1} L_{t-1} \Delta y \\
&= v_{t-1} L_{t-1} \Delta M N_t O_t S_t y'_t + v_{t-1} L_{t-1} M_{t-1} \Delta N O_t S_t y'_t \\
&\quad + v_{t-1} L_{t-1} M_{t-1} N_{t-1} \Delta O S_t y'_t + v_{t-1} L_{t-1} M_{t-1} N_{t-1} O_{t-1} \Delta S y'_t \\
&\quad + v_{t-1} L_{t-1} M_{t-1} N_{t-1} O_{t-1} S_{t-1} \Delta y'
\end{aligned}
\tag{4.13}
$$

通常一个变量若由 n 个变量决定，则应有 n 种分解方法（Dietzenbacher et al.，1998），为简化起见，本书采用两极分解法（Betts，1989）进行分解。由两极分解法，结合式（4.4）、式（4.10）、式（4.12），制造业产出在 $t-1$ 期到 t 期之间的变化量可以写为：

$$
\Delta V' = V_t - V_{t-s} = \frac{1}{2} \Delta v (L_t y_t + L_{t-1} y_{t-1})
$$ 增加值率变动效应：$E(v)$

$$
+ \frac{1}{2} (v_{t-1} L_t \Delta A_H^M L_{t-1} y_t + v_t L_t \Delta A_H^M L_{t-1} y_{t-1})
$$ 制造业部门内中间投入水平变动效应：$E(M, H)$

$$
+ \frac{1}{2} (v_{t-1} L_t \Delta A_H^S L_{t-1} y_t + v_t L_t \Delta A_H^S L_{t-1} y_{t-1})
$$ 服务业部门内中间投入水平变动效应：$E(S, H)$

$$
+ \frac{1}{2} (v_{t-1} L_t \Delta A_H^N L_{t-1} y_t + v_t L_t \Delta A_H^N L_{t-1} y_{t-1})
$$ 其他部门内中间投入水平变动效应：$E(N, H)$

$$
+ \frac{1}{2} (v_{t-1} L_t \Delta A_C^{MS} L_{t-1} y_t + v_t L_t \Delta A_C^{MS} L_{t-1} y_{t-1})
$$ 制造与服务部门间投

入结构变动效应：E(MS, C)

$$+\frac{1}{2}\left(v_{t-1}L_t\Delta A_C^{MN}L_{t-1}y_t + v_tL_t\Delta A_C^{MN}L_{t-1}y_{t-1}\right) \text{制造与其他部门间中}$$

间投入结构变动效应：E(MN, C)

$$+\frac{1}{2}\left(v_{t-1}L_t\Delta A_C^{SN}L_{t-1}y_t + v_tL_t\Delta A_C^{SN}L_{t-1}y_{t-1}\right) \text{服务业与其他部门间中}$$

间投入结构变动效应：E(SN, C)

$$+\frac{1}{2}\left(v_{t-1}L_t\Delta A_C^{M}L_{t-1}y_t + v_tL_t\Delta A_C^{M}L_{t-1}y_{t-1}\right) \text{制造业部门内中间投入}$$

结构变动效应：E(M, C)

$$+\frac{1}{2}\left(v_{t-1}L_t\Delta A_C^{S}L_{t-1}y_t + v_tL_t\Delta A_C^{S}L_{t-1}y_{t-1}\right) \text{服务业部门内中间投入}$$

结构变动效应 E(S, C)

$$+\frac{1}{2}\left(v_{t-1}L_t\Delta A_C^{N}L_{t-1}y_t + v_tL_t\Delta A_C^{N}L_{t-1}y_{t-1}\right) \text{其他部门内中间投入结}$$

构变动效应：E(N, C)

$$+\frac{1}{2}\left(v_{t-1}L_{t-1}\Delta MN_tO_tS_ty_t' + v_tL_t\Delta MN_{t-1}O_{t-1}S_{t-1}y_{t-1}'\right) \text{以最终需求衡}$$

量的制造业内部结构变动效应：E(Y, M)

$$+\frac{1}{2}\left(v_{t-1}L_{t-1}M_{t-1}\Delta NO_tS_ty_t' + v_tL_tM_t\Delta NO_{t-1}S_{t-1}y_{t-1}'\right) \text{以最终需}$$

量的二三产业内部结构变动效应：E(Y, N)

$$+\frac{1}{2}\left(v_{t-1}L_{t-1}M_{t-1}N_{t-1}\Delta OS_ty_t' + v_tL_tM_tN_t\Delta OS_{t-1}y_{t-1}'\right) \text{以最终需求}$$

衡量的三次产业结构变动效应：E(Y, O)

$$+\frac{1}{2}\left(v_{t-1}L_{t-1}M_{t-1}N_{t-1}O_{t-1}\Delta Sy_t' + v_tL_tM_tN_tO_t\Delta Sy_{t-1}'\right) \text{最终需求分配}$$

结构变动效应：E(Y, S)

$$+\frac{1}{2}\left(v_{t-1}L_{t-1}M_{t-1}N_{t-1}O_{t-1}S_{t-1}\Delta y' + v_tL_tM_tN_tO_tS_t\Delta y'\right) \text{最终需求水}$$

平变动效应：E(Y, y') 　　　　　　　　　　　　　　　　　(4.14)

式（4.14）右边各项依次反映了其他因素不变时，增加值率、中间需求变动以及最终需求变动因素对制造业增加值的影响。具体包括了：增加值率变动；制造业、服务业及其他部门内中间投入水平变动；制造业、服务业及其他部门内中间投入结构变动；制造业与服务部门间中间投入结构变动、制造业与其他部门间中间投入结构变动、服务业与其他部门间中间投入结构变动；以最终需求衡量的制造业内部结构变动、第二第三产业内部结构变动、三次产业间结构变动、最终需求分配结构变动以及最终需求水平变动对制造业增加值的影响。

由于本书重点考察每一种变动因素对制造业增加值增量贡献的相对大小而非绝对量，因此在计算出每一种影响因素绝对的贡献量后再除以增加值的变动总量即可以得出每一种影响因素的相对贡献度。

按照投入产出表的结构，笔者将这15个变动因素划分为四类，具体分类如表4-1所示。

表4-1　　　　　　　制造业增加值变动的驱动因素分解

增加值率效应		E(v)	增加值率变动对制造业增加值增长的贡献
中间需求效应	中间需求水平效应	E(M，H)	制造部门内中间投入水平变动对制造业增加值增长的贡献
		E(S，H)	服务部门内中间投入水平变动对制造业增加值增长的贡献
		E(N，H)	其他部门内中间投入水平变动对制造业增加值增长的贡献
	中间需求结构效应	E(MS，C)	制造、服务部门间中间投入结构变动对制造业增加值增长的贡献
		E(MN，C)	制造、其他部门间中间投入结构变动对制造业增加值增长的贡献
		E(SN，C)	服务、其他部门间中间投入结构变动对制造业增加值增长的贡献
		E(M，C)	制造部门内中间投入结构变动对制造业增加值增长的贡献
		E(S，C)	服务部门内中间投入结构变动对制造业增加值增长的贡献
		E(N，C)	其他部门内中间投入结构变动对制造业增加值增长的贡献
最终需求效应		E(Y，M)	以最终需求衡量的制造业内部结构变动对制造业增加值增长贡献
		E(Y，N)	以最终需求衡量的二三产业结构变动对制造业增加值增长的贡献
		E(Y，O)	以最终需求衡量的三次产业结构变动对制造业增加值增长的贡献
		E(Y，S)	最终需求分配结构变动对制造业增加值增长的贡献
		E(Y，y')	最终需求水平变动对制造业增加值增长的贡献

4.2.2　数据来源及处理

本节对 2002～2007 年间制造业增加值增量进行结构分解分析，所需数据来自于国家统计局公布的 2002 年和 2007 年的中国投入产出表。根据研究需要，笔者将这两张投入产出表合并为 37 个部门的投入产出表。其中，第一产业包含一个部门；第二产业包含 21 个部门，即 4 个采掘业部门、15 个制造业部门，其余两个部门为电力热力的生产和供应业以及建筑业；第三产业包含 15 个部门，15 个服务部门包括：信息传输计算机服务和软件业、租赁和商务服务业、金融业、交通运输仓储和邮政业、科学研究事业、综合技术服务业、批发和零售贸易业、住宿餐饮业、房地产业、居民和其他服务业、水利环境和公共设施管理业、卫生社会保障福利业、教育事业、文化体育娱乐业、公共管理和社会组织。

根据研究需要，综合考虑江静等（2007）、陈晓华等（2011）以及钱学锋等（2011）中的划分方式，本节将 15 个制造业部门按照要素密集度的不同，分为劳动密集型、资本密集型和技术密集型三类。其中，劳动密集型制造业包括：食品制造业、纺织业、木材加工及家具制造业、造纸印刷业、其他制造业；资本密集型制造业包括：石油炼焦及核燃料加工业、非金属矿物制品业、金属冶炼压延业、金属制品业、通用专用设备制造业；技术密集型制造业包括：化学工业、运输设备制造业、电气机械制造业、电子及通信设备制造业、仪器仪表制造业。

数据处理方面，笔者首先将统计局编制的 2007 年投入产出表转化为以 2002 年价格为基准的可比价投入产出表，从而剔除了价格因素的影响。其中农业部门选用农产品生产价格指数进行平减，工业部门则选用工业品出厂价格指数，服务业则选用服务项目价格指数中对应的细项价格指数进行平减，没有对应指数的部门则用居民消费价格分类指数总指数代替。所需价格指数来自于《中国统计年鉴》《中国农产品价格调查年鉴》《中国物价年鉴》等。其次，采用等比例法将上述可比价投入产出表转化为可比价进口非竞争型投入产出表，从而剔除了进口因素的影响。

部门分类方式如表 4-2 所示。

表 4 - 2	部门分类方式	
第一层次：三次产业间结构	第二层次：第二、第三产业内部结构	第三层次：制造业内部结构
第一产业	农业，n = 1	
第二产业	采选业，n∈[2, 5]	
	电力热力生产供应业，n = 6	
	建筑业，n = 7	
	制造业，n∈[8, 22]	食品制造业、纺织业、木材加工及家具制造业、造纸印刷及文教用品制造业、其他制造业、石油加工炼焦及核燃料加工业、非金属矿物制品业、金属冶炼及压延业、金属制品业、通用专用设备制造业、化学工业、交通运输设备制造业、电气机械及器材制造业、电子及通信设备制造业、仪器仪表及其他计量器具制造业
第三产业	服务业 n∈[23, 37]，包括：信息传输计算机服务和软件业、租赁和商务服务业、金融业、交通运输仓储和邮政业、科学研究事业、综合技术服务业、批发和零售贸易业、住宿餐饮业、房地产业、居民和其他服务业、水利环境和公共设施管理业、卫生社会保障福利业、教育事业、文化体育娱乐业、公共管理和社会组织	

说明：4 个采选业部门为：煤炭采选业、石油和天然气开采业、金属矿采选业、其他非金属矿采选业；其他制造业主要包括废品废料和工艺美术品制造业。

4.3

实证研究结果分析

4.3.1 制造业增加值变动的驱动因素分析

如表 4 - 3 所示，从整体上看，2002 ~ 2007 年间增加值率 E(v) 变动、制造业部门内中间投入水平 E(M，H) 变动、最终需求水平 E(Y，y′) 变动对制造业增加值的增长具有非常显著的正向促进作用，其贡献度分别达到了 60.15%、61.66% 和 84.81%，此外，制造业增加值增长的 34.72% 取决于制造业部门内中间投入结构的变动。然而，服务业部门内中间投入水平变动 E(S，H)、服务业与制造业部门间中间投入结构变动 E(MS，C)、服务业与其他部门中间投入结构变动 E(SN，C) 以及服务业部门内中间投入结构变动 E(S，C) 则对制造业增加值的增长具有负面作用，其贡献度分别为 -6.25%、-23.82%、-2.75% 和 -5.44%，可以看到这三个因素恰恰从不同角度反映了服务业对制造业的影响，只是令人吃惊的是，不管是从服务业水平变化、结构变化还是其与制造业乃至其他部门间的中间投入结构的变动都导致了制造业增加值的下降。尤其值得注意的是反映服务业与制造业产业互动关系的 E(MS，C)，该变动因素隐含的意义有：一方面服务业作为制造业产品的需求方，在生产过程中使用制造业产品作为中间投入，另一方面服务业作为制造业生产过程中的中间产品提供方，即生产者服务业，而这一内容也是国内许多学者关注和探讨的热点问题，如江静等（2006）、顾乃华（2007）利用计量模型探讨并验证了生产者服务业对制造业发展的促进作用，本书的结论在某种程度上却与已有的结论相悖，然而，却与本书第 5 章的结论相呼应。第 5 章中的敏感度分析部分得出：生产者服务供给对制造业的产业拉动作用表现十分微弱，且 2002 ~ 2007 年间，生产者服务供给对制造业的产业拉动作用整体上呈现显著的下降趋势。

表 4 - 3　　2002 ~ 2007 年间制造业增加值变动的驱动因素分解分析　　单位：%

	制造业整体	劳动密集型	资本密集型	技术密集型
E(v)	60.15	30.32	62.75	89.28
E(M，H)	61.66	54.67	69.18	60.35
E(S，H)	-6.25	-6.40	-5.45	-7.03
E(N，H)	0.71	-0.37	1.40	1.07
E(MS，C)	-23.82	-18.64	-31.72	-20.14

续表

	制造业整体	劳动密集型	资本密集型	技术密集型
E(MN, C)	-0.78	-4.63	1.35	0.88
E(SN, C)	-2.75	-2.20	-3.07	-2.96
E(M, C)	34.72	42.50	43.38	16.15
E(S, C)	-5.44	-5.12	-4.84	-6.48
E(N, C)	-2.80	-3.61	-2.77	-1.98
E(Y, M)	-0.25	-6.81	3.14	2.85
E(Y, N)	2.52	-0.56	2.62	5.74
E(Y, O)	5.81	8.41	3.12	6.15
E(Y, S)	7.20	1.51	8.43	11.90
E(Y, y')	84.81	85.16	78.86	91.42

将制造业划分为劳动、资本以及技术密集型三种来看（见表4-3），主要的变动因素对这三类制造业的相对影响方向都基本保持一致，只是在影响程度上有所不同，比如增加值率因素 E(v) 对技术密集型制造业的贡献度高达89.28%，对劳动密集型制造业则为30.32%。此外，也有一些因素对不同类型制造业的影响并不一致，但是可以发现的规律是这些因素总是不利于劳动密集型制造业增加值的增长，却会促进资本、技术密集型制造业增加值的增长，如其他部门中间投入水平变动因素 E(N, H)、制造业与其他部门中间投入结构变动因素 E(MN, C)、以最终需求衡量的制造业内部结构变动因素 E(Y, M) 和第二、第三产业间结构变动因素 E(Y, N)。

若进一步从制造业部门来看，如表4-4所示，也会发现与前文基本相同的结论，在此就不再赘述。同样，我们发现，凡是与服务业相关的变动因素，包括：服务业中间投入水平变动 E(S, H)、服务与制造业中间投入结构变动 E(MS, C)、服务与其他部门中间投入结构变动 E(SN, C)、服务部门中间投入结构变动 E(S, C) 总共四个因素，对15个制造业部门无一例外的都有显著的负向影响作用。其中，E(MS, C) 的影响作用最为显著，如 E(MS, C) 对化学工业增加值的贡献为 -49.43%，对金属冶炼及压延业增加值的贡献度则为 -48.65%。

表4-4　2002~2007年间制造业各部门增加值变动的驱动因素分解分析

单位：%

	食品制造及烟草加工工业	纺织业	木材加工及家具制造业	造纸印刷及文教体育用品制造业	其他制造业	石油加工、炼焦及核燃料加工工业	非金属矿物制品业	金属冶炼及压延加工工业	金属制品业	通用、专用设备制造业	化学工业	交通运输设备制造业	电气机械及器材制造业	通信设备、计算机及其他电子设备制造业	仪器仪表及文化办公用机械制造业
E(v)	16.23	26.00	21.81	224.97	0.96	51.47	36.99	131.97	19.49	30.76	138.04	65.07	122.86	31.39	63.98
E(M, H)	46.32	47.10	49.54	138.34	56.44	97.68	50.61	99.23	57.72	47.17	129.19	35.03	37.63	7.06	21.24
E(S, H)	-6.72	-3.49	-4.27	-28.75	-3.37	-21.58	-1.83	4.79	-4.54	-4.00	-8.96	-9.52	-7.35	-2.35	4.81
E(N, H)	-2.32	0.61	0.77	1.82	0.76	4.77	-2.68	2.09	2.11	2.33	-1.18	1.73	6.36	0.41	4.36
E(MS, C)	-13.68	-18.12	-20.75	-21.60	-27.60	-37.52	-23.88	-48.65	-26.52	-20.17	49.43	4.98	-10.07	-1.17	-6.93
E(MN, C)	-6.95	-4.22	-3.96	-8.52	0.55	10.06	4.22	1.19	1.42	2.78	-3.97	0.97	13.16	0.15	8.66
E(SN, C)	-2.91	-0.98	-1.68	-5.60	-1.71	-7.28	-1.23	-3.34	-2.90	-2.88	-4.31	-2.48	-4.85	-0.59	-3.19
E(M, C)	64.70	36.64	12.99	-14.24	39.69	82.27	61.90	54.76	18.95	15.29	25.54	8.35	34.86	-3.41	59.71
E(S, C)	-2.82	-3.81	4.24	-31.20	-3.09	-18.38	-1.46	-4.67	-3.45	-3.70	-6.17	-9.72	-9.54	-2.90	-2.51
E(N, C)	-7.71	-0.21	-2.34	-2.82	-1.42	0.49	-6.29	-3.03	-1.96	-1.28	-7.77	0.02	4.56	0.05	3.39
E(Y, M)	1.06	-20.32	7.52	-38.14	2.98	3.50	-1.11	14.25	-2.18	-3.23	-6.57	15.23	14.94	4.32	-56.83
E(Y, N)	-1.27	-0.42	-2.19	-0.21	1.29	-2.48	-5.71	0.78	0.54	13.28	2.62	11.25	4.52	5.96	2.65
E(Y, O)	7.19	12.35	5.86	12.00	4.58	1.08	2.62	3.78	5.22	2.65	5.78	2.56	7.72	8.00	16.02
E(Y, S)	-11.76	13.36	7.15	10.26	4.35	3.67	5.06	10.18	11.18	9.54	7.68	4.54	14.27	19.83	40.62
E(Y, y')	76.83	86.48	89.57	191.66	60.44	77.78	67.16	82.24	83.91	82.30	109.86	77.77	91.17	77.38	108.60

4.3.2　制造业与服务业中间投入结构变动的影响

基于服务业尤其是生产者服务业对制造业在理论上的积极影响以及国内相关研究对于这一问题的关注和探讨（江静 等，2007；顾乃华等，2006），本节特意将服务业与制造业中间投入结构变动效应 E(MS，C) 分解出来，从投入产出结构变动的角度，考察我国 2002～2007 年间生产者服务业与制造业的中间投入结构变动情况。但是，与国内大部分已有研究成果相悖，从表 4-3 和表 4-4 中我们可以看到 2002～2007 年间 E(MS，C) 对我国制造业整体以及各个部门增加值的增长均具有非常显著的负向影响效应，而究竟是怎样的中间投入结构变动促使这一效应为负，这是本节所要重点考察的。

基于已有的理论，我们认为生产者服务作为一种高级投入要素是将人力资本导入制造业的传递器，因此制造业在生产过程中使用更多的服务作为中间投入品将会促进制造业自身的发展。然后，本节的结论却恰好相反，那么从直觉上我们可以推断，E(MS，C) 这一"中间投入结构变动"很有可能是体现在 2002～2007 年间制造业使用了更少的中间服务投入来代替物质投入，而本部分主要就是为了验证这一推断。

表 4-5 反映了 2002～2007 年间制造业、服务业的中间投入结构占比的变动。笔者将制造业分为劳动、资本以及技术密集型三类，将服务业分为生产者服务业、消费者服务业以及公共服务业三类①。如表 4-5 所示，字体为加粗且倾斜的第二、三象限为考察的重点，这两个象限刻画了服务业与制造业的中间需求关系。其中，第二象限表示 2002～2007 年间，服务在生产过程中所使用的制造业投入品变化百分比，第三象限表示同期制造业在生产过程中所使用的生产者服务投入变化百分比。可以发现，研究期间服务生产过程中所投入的制造业产品整体上上升了（消费者服务的制

---

① 生产者服务业包括：信息传输计算机服务和软件业、租赁和商务服务业、金融业、交通运输仓储和邮政业、科学研究事业、综合技术服务业；消费者服务业包括：批发和零售贸易业、住宿餐饮业、房地产业、居民和其他服务业；公共服务业包括：水利环境和公共设施管理业、卫生社会保障福利业、教育事业、文化体育娱乐业、公共管理和社会组织。

造业投入仅仅略微下降，并不影响服务业的制造业投入品整体上升的趋势），而 2002～2007 年间，制造业的生产者服务投入占比则出现了显著的下降，如劳动密集型制造业的服务投入下降了 10.54%，资本密集型制造业的服务投入占比则下降了 9.29%，同样技术密集型制造业的服务投入也下降了 6.05%[①]。由此，我们可以得出结论，制造业与服务业部门间中间投入变动会导致制造业增加值的显著下降，很大程度上是由于制造业在生产过程中所使用的生产者服务投入减少了，这同时也为后面第 5 章中的结论找到了答案。

表 4－5　　　　2002～2007 年间制造业与服务业的中间投入比重变动　　　　单位：%

	制造业			服务业		
	劳动密集型	资本密集型	技术密集型	生产者服务	消费者服务	公共服务
劳动密集型	10.59	0.95	1.08	1.85	2.05	-1.09
资本密集型	0.41	8.70	4.52	3.54	-2.73	1.85
技术密集型	-0.46	-0.37	0.45	-1.81	0.35	6.24
制造业合计	10.54	9.29	6.05	3.58	-0.32	7.01
生产者服务	-3.05	-4.78	-2.32	-4.54	2.15	-2.04
消费者服务	-7.32	-4.50	-3.69	1.31	-2.28	-7.00
公共服务	-0.17	-0.01	-0.04	-0.35	0.45	2.04
服务业合计	-10.54	-9.29	-6.05	-3.58	0.32	-7.01

4.4

本章小结

本章所进行的分析仍然只是初步的，虽然测算出了各因素对制造业增加值增长的贡献度，但是尚未对各种因素对制造业增加值的影响机制进行深入分析。另外，本章的分解因素较多，分析维度也较多，但是基于本章

---

　　① 表5-5中显示技术密集型制造业的生产者服务投入下降了，而表4-5中却显示技术密集型制造业的生产者服务投入占比上升了，但是表5-5和表4-5中的结论并不相矛盾。表5-5中考察的是服务投入在各类制造业总投入中的占比，而表4-5考察的是服务投入在不同类型制造业中的分布情况。

的研究重点是考察服务业对制造业增加值变动的影响，因此对于一些同样具有重要经济意义的因素还未进行深入探讨。但是通过分析，本章仍得出了以下几个值得关注的重要结论：

（1）从整个研究阶段看，2002～2007 年间，增加值率变动因素成为促进我国制造业增加值增长的重要因素，对于技术密集型制造业尤为显著，增加值率的提高反映了制造业增加值增长质量的提高，在使用相同或者更少中间投入的同时却换来了较多的产出，这进一步说明了我国制造业增长主要由生产效率的提高来实现。除了增加值率因素 E(v) 以外，最终需求水平变动因素 E(Y，y′) 以及制造业中间投入水平变动因素 E(M，H) 也是促进制造业增加值增长的重要积极因素。

（2）与服务业相关的四个因素，包括：E(S，H)、E(S，C)、E(SN，C) 以及 E(MS，C) 均对制造业增加值的增长具有不利影响，其中制造业与服务业中间投入结构变动因素 E(MS，C) 尤为显著。E(MS，C) 主要反映了制造业与服务业在生产过程中相互投入的变动，根据进一步计算我们发现研究期间，制造业生产过程中所使用的生产者服务投入显著下降了，而这一投入结构的变动显然不利于制造业增加值的增长，更加会导致制造业增加值的下降。这是由于服务尤其是生产者服务作为制造业的一种高级投入要素，会降低制造业的生产和交易成本，从而提高制造业生产效率，带动制造业的增长（服务业对制造业的促进机制在第 3 章中已经详细论述），而相反，制造业生产过程中服务投入的下降无疑不利于制造业的增长。因此，可以得出制造业的生产者服务投入不足成为制约我国制造业增加值增长的重要因素。

（3）本章将最终需求部分分解为制造业结构变动 E(Y，M)、第二第三产业内结构变动 E(Y，N) 以及三次产业间结构变动 E(Y，O) 这三个指标来反映经济发展方式的转变，研究发现整个研究期间，这三个因素对制造业增加值的综合贡献是 8.09%（由表 4-3 计算得到)[①]，进一步分类

---

① 本章各因素对制造业整体、分类型、分部门的贡献度均是根据模型计算得出，而非直接由部门结果加总得到，因此在这里三个因素对制造业整体的贡献度并不等于对三种类型制造业贡献度的直接加总。

型看，这三个因素对技术密集型制造业的贡献度最高为 14.74% , 其次为资本、劳动密集型制造业，分别为 8.88% 和 1.04% 。这种贡献程度极大的不对称在某种程度上说明 2002~2007 年间我国经济增长方式的转变有利于制造业内部结构的调整，即技术、资本密集型制造业比重相对提高，而劳动密集型制造业比重相对下降。

第5章

从产业关联视角看生产者服务业
对中国制造业的影响
——基于 IO 子系统模型和敏感度分析

引言

　　生产者服务业的知识和人力资本密集性奠定了其在制造业结构转型和升级过程中的重要地位。有关生产者服务业对制造业作用机制的探讨，可以从宏观产业层面和微观企业层面这两个方向展开。从宏观层面看，奥利地学派的"生产迂回说"认为生产过程的重组和迂回是提高生产力的重要因素，因为更加迂回的生产过程不仅需要使用更为专业化的劳动力和更多资本，同时也增加了中间投入品的数目。格鲁贝尔和沃克（Grubel and Walker，1993，中译本）在此基础上进一步阐述了生产者服务业在迂回生产中所扮演的角色，并认为生产者服务实质上是将人力资本和知识资本导入生产过程的传递器。里多（Riddle，1986）认为服务业尤其是生产者服务业，是促进其他部门增长的过程产业，是经济的粘合剂。总体上看，生产者服务一方面直接参与到生产过程中，作为生产要素在降低制造业生产成本的同时提高制造业的劳动生产率和竞争力（Dnniels，1989；Karaomerlioglu，1999），另一方面作为一种间接投入，起到了连接各个生产阶段的纽带和润滑剂作用（Francois，1990）。

　　以上都是基于分工与专业化视角的宏观机制分析，然而企业才是市场经济的活动主体，因此，要想解释生产者服务业对于制造业外溢效应的机制还是要从微观企业层面入手（顾乃华，2011）。借助波特的"价值链理论"，我们可以清晰地认识到生产者服务业对于制造企业外溢效应的微观机制。"价值链理论"认为企业价值链之间的差异是产品差异化的基础，也是企业竞争优势的关键来源，从价值链构成看，其中许多环节明显是与生产者服务相关的，如运输、仓储和售后服务等，企业能够从价值链各个环节获得的利润也是不同的，这很大程度上取决于企业自身的资源整合能力，因此，出于合理配置资源，提高核心竞争力等战略考虑，企业可能会通过服务外包重组自身价值链，实现自身资源、能力和价值链环节的匹配，从而使自身的获利能力提升。随着制造企业服务外包活动愈加活跃，生产者服务业的市场化进程也随之加快，在规模经济和学习效应的作用下，生产者服务企业自身的业务水平提高，服务提供成本下降，这又会促使制造企业增加生产者服务这一高级要素的投入，最终制造企业自身实现了竞争力的提升。

上述有关生产者服务业促进制造业发展的机理分析在很大程度上还只是理论上的推演，缺少来自实践的经验证据，尤其是缺少来自中国经济实践的经验支持。虽然国内已有学者利用计量回归模型验证了生产者服务业能够促进中国制造业的发展，如顾乃华等（2006）、江静等（2007），但是，已有经验研究对于生产者服务如何促进制造业发展这一问题的探讨还略为欠缺。为此，本章首次将投入产出子系统模型（IO 子系统模型）和敏感度分析方法引入此类问题的研究中[①]，从而为这一领域的研究提供了一个新的思路和分析工具。IO 子系统模型和敏感度分析方法都是以投入产出分析框架为基础，是对投入产出模型的一种拓展和补充。利用 IO 子系统模型的好处就在于可以将待考察的对象作为独立的子系统从经济整体中分离出来，进而有助于我们分析子系统之间的经济联系。在本章中，笔者将不同密集度的制造业以及服务业作为独立的子系统分离出来，基于产业关联的视角，立足于服务业，分别从服务供给和服务需求两个方面，考

---

① IO 子系统模型和敏感度分析方法往往被用于污染物排放等环境问题的研究中，见 Alcántara 和 Padilla（2009）、Miguelángel Tarancón 和 Pablo del Río（2007）、Julio Sa'nchez - Cho'liz, Rosa Duarte（2005）等。

察服务业与制造业的相互需求关系，进一步识别出影响制造业发展的关键服务部门和与之相关的生产交易活动。

之后，在总量分析的基础上，本章借助敏感度分析方法，构造技术结构系数的敏感度指标，考察了各个部门潜在的需求变动（技术结构系数变动）对制造业各部门产出的影响。敏感度指标是一个弹性的概念，同时具有强度的特征，从而使我们能够剔除总量因素的影响。在这一点上，敏感度分析方法和子系统模型恰好具有一定的互补性，从而在本章中得到了很好的结合。利用敏感度分析方法的优点在于可以充分考虑到所有经济交易活动可能产生的直接和间接影响，从而使分析更加全面。此外，通过刻画出整个经济的交易流程，我们不仅能够识别出影响制造业发展的关键服务部门，还能考察与之相关的生产交易活动和产品流向。

需要特别说明的是，从服务需求的角度看，制造业是服务业的中间产品提供方，考察的是服务业对制造业的需求量，以及服务需求对制造业的产业拉动效应；从服务供给的角度看，服务业是制造业的中间产品提供方，考察的是制造业的生产者服务需求量，以及生产者服务对制造业的产业拉动效应。

5.2

模型构建

5.2.1　IO子系统模型

投入产出模型基本的恒等式可以用式（5.1）表示：

$$x = Ax + y \qquad (5.1)$$

求解式（5.1）可以得到满足最终需求 y 所需的产出水平 x，如式（5.2）所示：

$$x = (I - A)^{-1}y = By \qquad (5.2)$$

其中，$B = (I - A)^{-1}$ 是里昂惕夫逆矩阵，矩阵 I 为单位阵，矩阵 A 为直接消耗系数矩阵，反映了各部门单位产出的中间投入需求。

将式（5.2）代入式（5.1）的右边得到式（5.3）：

$$x = ABy + y \qquad (5.3)$$

式（5.3）把总产出 x 分解为最终消费品 y 和生产 y 所需要的中间投入品 ABy 两部分。为了分离出服务业与制造业的生产系统，对式（5.3）中的产出向量 x、最终需求向量 y、技术矩阵 A 以及 Leontief 逆矩阵 B 进行分解，得到式（5.4）：

$$
\begin{pmatrix} x^1 \\ x^2 \\ x^3 \\ x^4 \\ x^5 \end{pmatrix} =
\begin{pmatrix}
A_{11} & A_{12} & A_{13} & A_{14} & A_{15} \\
A_{21} & A_{22} & A_{23} & A_{24} & A_{25} \\
A_{31} & A_{32} & A_{33} & A_{34} & A_{35} \\
A_{41} & A_{42} & A_{43} & A_{44} & A_{45} \\
A_{51} & A_{52} & A_{53} & A_{54} & A_{55}
\end{pmatrix}
\begin{pmatrix}
B_{11} & B_{12} & B_{13} & B_{14} & B_{15} \\
B_{21} & B_{22} & B_{23} & B_{24} & B_{25} \\
B_{31} & B_{32} & B_{33} & B_{34} & B_{35} \\
B_{41} & B_{42} & B_{43} & B_{44} & B_{45} \\
B_{51} & B_{52} & B_{53} & B_{54} & B_{55}
\end{pmatrix}
\begin{pmatrix} y^1 \\ y^2 \\ y^3 \\ y^4 \\ y^5 \end{pmatrix} +
\begin{pmatrix} y^1 \\ y^2 \\ y^3 \\ y^4 \\ y^5 \end{pmatrix} \qquad (5.4)
$$

式（5.4）中，上标 1 表示服务部门，上标 2 表示劳动密集型制造业部门，上标 3 表示资本密集型制造业部门，上标 4 表示技术密集型制造业部门，上标 5 表示其他部门[①]，式（5.4）反映了服务部门、劳动密集型、资本密集型、技术密集型制造业部门以及其他部门这五个子系统之间的经济联系。其中 x^1、x^2、x^3、x^4 和 x^5 分别表示服务部门、劳动密集型、资本密集型、技术密集型制造业部门和其他部门的产出向量。y^1、y^2、y^3、y^4 及 y^5 为对应的最终需求向量。式（5.4）左边的总产出是一个经济提供所有最终消费品所需要进行的生产，令式（5.4）中的 y^2、y^3、y^4 及 y^5 中的各元素为零，则得到了经济体为了得到服务部门最终消费品而进行的生产，通过计算，可以得到 x^{21}、x^{31} 和 x^{41} 如下：

$$x^{21} = (A_{21}B_{11} + A_{22}B_{21} + A_{23}B_{31} + A_{24}B_{41} + A_{25}B_{51})y^1 \qquad (5.5)$$

$$x^{31} = (A_{31}B_{11} + A_{32}B_{21} + A_{33}B_{31} + A_{34}B_{41} + A_{35}B_{51})y^1 \qquad (5.6)$$

$$x^{41} = (A_{41}B_{11} + A_{42}B_{21} + A_{43}B_{31} + A_{44}B_{41} + A_{45}B_{51})y^1 \qquad (5.7)$$

式（5.5）中，x^{21} 是 $m_1 \times 1$ 的列向量（m_1 是劳动密集型制造业部门的个数），其元素表示各劳动密集型制造业部门提供给服务部门的中间产品，即服务部门所需的劳动密集型制造业产品投入量；相应的式（5.6）中，

---

① 其他部门包括：农业、采选业、建筑业、电力燃气及水的生产和供应业、工业品及其他工业、废品废料。

x^{31} 是 $m_k \times 1$ 的列向量（m_k 是资本密集型制造业部门的个数），表示服务部门所需的资本密集型制造业产品投入量；式（5.7）中，x^{41} 是 $m_t \times 1$ 的列向量（m_t 是技术密集型制造业部门的个数），表示服务部门所需的技术密集型制造业产品的投入量。

式（5.5）~式（5.7）表示的是所有服务部门对制造业产品的总需求量，若将各式右边的列向量 y^1 写为对角矩阵的形式，即 $\hat{y}^1$，就可以得到每个服务部门为了满足产出需求所需的制造业各个部门的产品投入，由此可以分析服务需求的部门特征。若在此基础上再左乘以一个单位行向量 O'，即可以得到不同服务部门对不同密集度制造业部门产品的总需求量，即：

$$x^{21}_1 = O'(A_{21}B_{11} + A_{22}B_{21} + A_{23}B_{31} + A_{24}B_{41} + A_{25}B_{51})\hat{y}^1 \qquad (5.8)$$

$$x^{31}_k = O'(A_{31}B_{11} + A_{32}B_{21} + A_{33}B_{31} + A_{34}B_{41} + A_{35}B_{51})\hat{y}^1 \qquad (5.9)$$

$$x^{41}_t = O'(A_{41}B_{11} + A_{42}B_{21} + A_{43}B_{31} + A_{44}B_{41} + A_{45}B_{51})\hat{y}^1 \qquad (5.10)$$

由式（5.8），我们可以得到每个服务部门为了满足产出需求所需的劳动密集型制造业的产品投入量，式（5.9）、式（5.10）则分别表示每个服务部门所需的资本、技术密集型制造业的产品投入量。由此，我们可以从总量上测算出各服务部门对不同密集型制造业产品的需求情况。

同理，令 y^1、y^3、y^4 以及 y^5 中的各元素为零，可得到 x^{12}、x^{22}、x^{32}、x^{42} 以及 x^{52} 的表达式。为了分析制造业与服务业之间的关系，我们需要 x^{12}、x^{13}、x^{14}，即劳动、资本以及技术密集型制造业部门分别为了满足其最终产品的生产需求，所需的服务投入量。按照与前文类似的方法，经过计算可以得到如下的相应表达式：

$$x^{12} = (A_{11}B_{12} + A_{12}B_{22} + A_{13}B_{32} + A_{14}B_{42} + A_{15}B_{52})y^2 \qquad (5.11)$$

$$x^{13} = (A_{11}B_{13} + A_{12}B_{23} + A_{13}B_{33} + A_{14}B_{43} + A_{15}B_{53})y^3 \qquad (5.12)$$

$$x^{14} = (A_{11}B_{14} + A_{12}B_{24} + A_{13}B_{34} + A_{14}B_{44} + A_{15}B_{54})y^4 \qquad (5.13)$$

式（5.11）~式（5.13）分别表示劳动、资本以及技术密集型制造业对各个服务部门的产品需求量。在一定意义上，该值越大表明制造业生产过程中所需的服务投入越多，即生产者服务的投入量越大，而生产者服务投入的增加往往被认为是产业结构高级化的体现。

5.2.2　敏感度分析模型

令 $y = Hg$，其中 H 为一个 $n \times m$ 的矩阵（n 为部门数，m 为最终需求种类数），H 的某一个元素 h_{ip}，$h_{ip} = \dfrac{y_{ip}}{g_p}$，表示 i 部门的产出被用于第 p 种最终需求的部分 y_{ip} 在第 p 种最终总需求 g_p 中所占的比重（$i = 1,\ 2,\ \cdots,\ n;\ p = 1,\ 2,\ \cdots,\ m$）。$g$ 是一个 $m \times 1$ 的列向量，该向量第 p 行的元素 $g_p = \sum_i y_{ip}$ 表示第 p 类最终需求总量。因此，可以将式（5.2）写为：

$$x = (I - A)^{-1} Hg = BHg \tag{5.14}$$

若将矩阵形式写为一维运算式，则有：

$$x_i = \sum_{q=1}^{n} \sum_{p=1}^{m} b_{iq} h_{qp} g_p \tag{5.15}$$

根据敏感度分析方法，为了分析技术结构系数变动对产出的影响，令部门 i 的产出 x_i 关于某一技术结构系数 a_{kl} 的弹性为 $\varepsilon(x_i a_{kl})$，其表达式为：

$$\varepsilon(x_i a_{kl}) = \dfrac{\dfrac{\Delta x_i}{x_i}}{\dfrac{\Delta a_{kl}}{a_{kl}}} \tag{5.16}$$

参考莫兰和共扎莱兹（Morán and González，2007）中的做法，本节假设 a_{kl} 发生 $d = 1\%$ 的变动，由于产业关联效应，a_{kl} 的变动会导致里昂惕夫逆矩阵的变动，进而对产出 x_i 产生影响。由谢尔曼和莫里森（Sherman and Morrison，1950）可知：

$$\Delta b_{ij} = \dfrac{b_{ik} b_{lj} \Delta a_{kl}}{1 - b_{lk} \Delta a_{kl}} \tag{5.17}$$

结合式（5.15）和式（5.17），得到 Δx_i 的表达式为：

$$
\begin{aligned}
\Delta x_i &= \sum_{q=1}^{n} \sum_{p=1}^{m} \Delta b_{iq} h_{qp} g_p \\
&= \sum_{q=1}^{n} \sum_{p=1}^{m} \dfrac{b_{ik} b_{lq} \Delta a_{kl}}{1 - b_{lk} \Delta a_{kl}} h_{qp} g_p \\
&= \dfrac{b_{ik} \Delta a_{kl}}{1 - b_{lk} \Delta a_{kl}} \sum_{q=1}^{m} \sum_{p=1}^{m} b_{lq} h_{qp} g_p
\end{aligned}
$$

$$= \frac{b_{ik}\Delta a_{kl}}{1 - b_{lk}\Delta a_{kl}}x_l \quad\quad\quad (5.18)$$

将式（5.18）代入式（5.16），得到产出 x_i 关于结构系数 a_{kl} 的弹性，即技术结构系数的敏感度指标为：

$$\varepsilon(x_i a_{kl}(d)) = \frac{b_{ik}a_{kl}x_l}{(1 - b_{lk}da_{kl})x_i} \quad\quad\quad (5.19)$$

式（5.19）即为技术结构系数的敏感度指标，表示某一结构系数 a_{kl} 变动1%导致部门 i 产出变动的百分比，这意味着如果部门 l 对部门 k 的中间投入需求发生变化，通过直接和间接的产业关联效应，这一生产交易活动将会对任意部门 i 的产出产生影响。弹性值越大，表明部门 l 和部门 k 之间的这一生产交易活动的影响效应越大，即它对其他部门产出增长的拉动作用就越大。由此，我们可以识别出最能有效带动制造业产出增长的服务部门和与之相关的生产交易活动。

需要特别说明的是，如表 5-1 所示，当 i=k 或者 i=l 时，我们将 a_{kl} 变动带来的 i 部门产出（x_i）变动定义为"直接效应"，因为这是由某一部门与其他部门的交易活动对本部门产出产生的影响。若 i≠k 且 i≠l，则定义为"间接效应"，因为这是由其他部门之间的交易活动对某一部门产出产生的影响。需要特别指出的是，本节中生产者服务的"直接效应"（当 k 为服务部门且 i=l 时）反映的才是通常理论或经验研究文献中所指的生产者服务[1]对制造业效率的影响，即：某一制造业部门通过提高其生产者服务要素投入，使生产成本或者交易成本降低，进而带来本部门自身效率[2]的提升（Grubel and Walker，1988；Francois，1990a，1990b；冯泰

---

① 需要说明的是，本节参照程大中（2006）的做法，并没有人为地划分出哪些服务部门是生产者服务部门，而是根据生产者服务业本身的定义，将所有用于最终产品生产的中间服务统称为生产者服务，这样做的好处是避免了人为划分可能导致的片面性，从而使分析更加真实、全面。

② 不同经验研究对制造业效率指标的选取也有所不同，国内外研究常用的指标有产出率、劳动生产率以及用数据包络分析或随机前沿生产率估计的技术效率（Karl，2000；Banga and Goldar，2004；Soderbom，2004；江静等，2007；冯泰文，2009；等）。本节中的敏感度分析方法，实际上是假设所有交易活动均发生1%的变动的情况下，计算制造业产出的变化幅度，由此可以识别出令制造业部门产出变动最大的生产者服务部门和相应的生产交易活动。投入增加幅度相同的情况下，产出增长越多，产出率越高，相应的生产者服务部门也越能促进制造业效率的提高。因此，本节实际上也是以产出率衡量制造业的效率。

文，2009），随着生产者服务更加全面地参与到经济发展的各个层面而成
为新型技术和创新的主要提供者和传播者时，生产者服务业往往被认为是
促进制造业向产业链高端攀升的"推进器"（Hutton，2004）。而本节中的
生产者服务的"间接效应"在已有的相关文献中则很少被涉及，此时生
产者服务业主要是通过建立在密切产业关联基础上的需求效应拉动制造业
产出的增长。另外，服务需求的"直接效应"以及服务需求的"间接效
应"也是通常研究中所不曾涉及的重要方面。可以说，本章的研究从不同
角度，全面、充分地剖析了服务业与制造业间的产业关联性，并且重点考
察服务业尤其是生产者服务业对制造业的单向影响效应。

表 5 – 1   服务的直接和间接效应

x_i (i 制造业)	a_{kl}		
	供给方（k）	需求方（1）	
	k 为制造业	l 为服务业	若 k = i，定义为服务需求的"直接效应"
			若 k≠i，定义为服务需求的"间接效应"
	k 为生产者服务业	l 制造业	若 l = i，定义为生产者服务的"直接效应"
			若 l≠i，定义为生产者服务的"间接效应"

5.3

数据来源及处理

本节所需数据来自于中国国家统计局公布的 2002 年和 2007 年投入产
出表。根据研究需要，通过部门归并整理，本节主要选取 14 个制造业部
门、15 个服务部门以及 9 个其他部门作为研究对象。综合考虑江静等
（2007）、陈晓华等（2011）以及钱学锋等（2011）中的划分方式，将 14
个制造业部门按照要素密集度的不同，划分为劳动密集型、资本密集型和
技术密集型三类。其中，劳动密集型制造业包括：食品制造业、纺织业、
木材加工及家具制造业、造纸印刷业；资本密集型制造业包括：石油炼焦
及核燃料加工业、非金属矿物制品业、金属冶炼压延业、金属制品业、通
用专用设备制造业；技术密集型制造业包括：化学工业、运输设备制造

业、电气机械制造业、通信及电子设备制造业、仪器仪表制造业。15 个服务部门为：信息传输计算机服务和软件业；租赁和商务服务业；金融业；交通运输仓储和邮政业；科学研究事业；综合技术服务业；批发和零售贸易业；住宿餐饮业；房地产业；居民和其他服务业；水利环境和公共设施管理业；卫生社会保障福利业；教育事业；文化体育娱乐业；公共管理和社会组织。另外，本节将农业部门、4 个采选业部门、废品废料、其他制造业、电力热力生产和供应业以及建筑业共 9 个部门归入其他部门。

数据处理方面，笔者首先将统计局编制的 2002～2007 年投入产出表转化为以 2002 年价格为基准的可比价投入产出表，具体转化方法参照刘起运和彭志龙（2010），其中农业部门选用农产品生产价格指数进行平减，工业部门则选用工业品出厂价格指数，服务业则选用服务项目价格指数中对应的细项价格指数进行平减，没有对应指数的部门则用居民消费价格分类指数总指数代替。所需价格指数来自于《中国统计年鉴》《中国农产品价格调查年鉴》《中国物价年鉴》等。其次，本节采用沈利生和吴振宇（2003）中的等比例法将上述可比价投入产出表转化为进口非竞争型投入产出表，从而剔除了进口因素的影响。

5.4

实证研究结果分析

5.4.1 服务业与制造业的相互需求关系

1. 服务业作为制造业产品的需求方

正如阿赞塔拉和帕迪拉（Alcántara and Padilla，2009）提出的那样，服务部门的崛起并不意味着经济的去物质化，虽然服务部门往往被认为是非物质部门，但是其生产活动也需要大量的物质投入。因此，服务部门的物质需求必然会对制造业产生影响。通过式（5.8）～式（5.10）可以计算出各服务部门对不同密集型制造业部门产品的需求量，结果如表 5－2

所示。

表 5 – 2　　　　　　　　各服务部门对制造业产品的需求量　　　　　单位：亿元

行业	2002 年				2007 年			
	劳密型	资密型	技密型	合计	劳密型	资密型	技密型	合计
信息传输计算机服务软件	529	1161	10087	11777	987	1956	4213	7156
租赁和商务服务业	955	1321	10915	13191	3479	4249	7405	15134
金融业	564	766	4960	6290	1977	1718	2375	6069
交通运输仓储和邮政业	961	4882	15166	21009	2998	14038	9687	26722
科学研究事业	73	211	1499	1783	237	437	830	1504
综合技术服务业	138	358	1635	2131	441	1179	1956	3575
批发和零售贸易业	2395	2831	17899	23125	3648	4231	6132	14011
住宿餐饮业	2491	848	5803	9142	7076	2123	3067	12265
房地产业	289	850	3471	4609	669	1302	1513	3483
居民服务和其他服务业	1408	743	6093	8244	1737	2232	4679	8648
水利环境和公共设施管理	123	409	1656	2188	280	584	814	1678
卫生社会保障福利业	363	817	8286	9466	2105	4015	8875	14995
教育事业	996	947	4994	6938	2543	2373	3475	8391
文化体育娱乐业	581	264	1907	2752	1383	722	1141	3246
公共管理和社会组织	2036	1326	8087	11450	3520	2899	3906	10325
合计	13902	17734	102458	134095	33080	44058	60068	137202

　　从需求总量看，2002～2007 年间服务业的制造业产品投入量由 134095 亿元增加到了 137202 亿元，五年间增幅仅为 2.3%。不管是 2002 年还是 2005 年，服务业对技术密集型制造业产品的投入需求量最大，其次为资本密集型和劳动密集型制造业产品，以 2007 年为例，分别为 60068 亿元、44058 亿元和 33080 亿元，服务对技术密集型制造业产品的需求分别约是资本、劳动密集型制造业产品的 1.4 倍和 1.8 倍。一方面，这可能是由于本节对制造业的归类方式，使得技术密集型制造业本身规模就比较大，若以 2007 年为例，技术密集型制造业的产出占制造业总产出

的38.1%，确实高于资本和劳动密集型制造业36.7%和25.1%的占比，但是进一步计算可知，技术密集型制造业的规模仅是资本和劳动密集型制造业的1.04倍和1.5倍，因此，从规模上我们只能部分解释服务业为什么对技术密集型制造业的需求显著较高。另一方面，笔者认为对这一问题的解答还需与服务业自身具有显著的知识、技术密集性的特征联系起来。

从服务部门看，对制造业产品需求量最大的三个服务部门分别为：租赁和商务服务业、交通运输仓储邮政业以及批发和零售贸易业。另外我们发现，那些普遍被认为具有较高知识、技术密集性的生产者服务部门对技术密集型制造业的需求也相对较大，如信息传输计算机服务和软件业、租赁和商务服务业。值得注意的是，2002年信息传输计算机服务软件业对技术密集型制造业的需求为11777亿元，需求总量排在第四位，2007年却出现了急剧下降，仅为7156亿元，从该部门的需求结构看，这主要是由于其对技术密集型制造业产品的投入需求量显著下降造成的，由10087亿元下降至4213亿元。进一步，从服务部门对不同类型制造业产品的需求结构看，由表5-3我们发现，2002～2007年间所有服务部门对技术密集型制造业产品的需求占比均出现了大幅度的下降，降幅均超过20%。其中，金融业对技术密集型制造业的需求占比由2002年的79%下降到了2007年的39%，降幅达高到40%，此外，住宿餐饮业、交通运输仓储邮政业的降幅也达到了38%和36%。与此相反，服务部门对劳动、资本技术密集型制造业产品的需求无一例外的呈现增长之势。因此，在某种程度上，我们可以说服务部门对不同类型制造业产品的需求结构出现了低端化发展趋势。

表5-3　　　　　　　　　各服务部门对制造业产品的需求结构　　　　　　单位: %

行业	2002 年			2007 年			2002～2007 年变化量		
	劳密型	资密型	技密型	劳密型	资密型	技密型	劳密型	资密型	技密型
信息传输计算机服务软件	4	10	86	14	27	59	10	17	-27
租赁和商务服务业	7	10	83	23	28	49	16	18	-34

续表

行业	2002 年			2007 年			2002 ~ 2007 年变化量		
	劳密型	资密型	技密型	劳密型	资密型	技密型	劳密型	资密型	技密型
金融业	9	12	79	33	28	39	24	16	−40
交通运输仓储和邮政业	5	23	72	11	53	36	7	29	−36
科学研究事业	4	12	84	16	29	55	12	17	−29
综合技术服务业	6	17	77	12	33	55	6	16	−22
批发和零售贸易业	10	12	77	26	30	44	16	18	−34
住宿餐饮业	27	9	63	58	17	25	30	8	−38
房地产业	6	18	75	19	37	43	13	19	−32
居民服务和其他服务业	17	9	74	20	26	54	3	17	−20
水利环境公共设施管理	6	19	76	17	35	49	11	16	−27
卫生社会保障福利业	4	9	88	14	27	59	10	18	−28
教育事业	14	14	72	30	28	41	16	15	−31
文化体育娱乐业	21	10	69	43	22	35	21	13	−34
公共管理和社会组织	18	12	71	34	28	38	16	16	−33

2. 服务业作为制造业中间产品的供给方

从理论上说，当服务业被当作中间投入品用于制造业产品的生产过程中并发挥生产者服务的作用时，其会对制造业的产业结构调整和升级起到关键的积极作用，另外，制造业产品生产过程中的服务投入量和投入结构也是衡量制造业软化程度和产业结构高级化的关键因素。由式（5.11）、式（5.12）、式（5.13）我们可以计算出劳动、资本以及技术密集型制造业对各个服务部门中间产品的需求量，结果如表 5 - 4 所示。由表 5 - 4 可知，2002 年和 2007 年，技术、资本以及劳动密集型制造业对服务业各部门的需求均表现出由高到低的态势，即技术密集型制造业对生产者服务的需求量最高，其次分别为资本以及劳动密集型制造业。以 2007 年为例，技术、资本以及劳动密集型制造业对生产者服务的需求量分别为 61344 亿元、50933 亿元和 32242 亿元。

表 5 - 4　　　　　　　　各服务部门对制造业中间产品供给量　　　　　　单位：亿元

行业	2002 年				2007 年			
	劳密型	资密型	技密型	合计	劳密型	资密型	技密型	合计
信息传输计算机服务软件	930	1385	1659	3975	1290	2857	3120	7267
租赁和商务服务业	1514	1230	2197	4941	3375	3545	6273	13194
金融业	1861	2347	2735	6943	5055	8511	10229	23795
交通运输仓储和邮政业	3624	5335	5463	14423	8898	14771	15296	38966
科学研究事业	34	71	100	204	368	793	1649	2810
综合技术服务业	219	303	292	814	1152	2094	2342	5588
批发和零售贸易业	4714	4643	6075	15432	5913	8652	11729	26294
住宿餐饮业	881	1007	1199	3088	2250	3785	4164	10199
房地产业	394	371	552	1317	1290	1376	1875	4542
居民服务和其他服务业	494	744	775	2014	1195	2131	2103	5429
水利环境公共设施管理	74	75	90	239	325	343	389	1057
卫生社会保障福利业	129	148	142	419	336	829	769	1934
教育事业	117	157	176	450	237	379	411	1027
文化体育娱乐业	188	222	279	688	510	797	916	2222
公共管理和社会组织	0	0	0	0	48	70	79	197
合计	15173	18038	21734	54947	32242	50933	61344	144521

从服务部门看，制造业对交通运输业的中间需求最高，而后依次为金融业、租赁和商务服务业、信息传输计算机服务和软件业。一方面，这可能取决于规模因素，仅这四个服务部门在服务业总产出中所占的比重就已超过了35%（见表5-6）；另一方面，这几个部门也是经验研究中通常设定的生产者服务部门（顾乃华等，2006；江静等，2007；杨玲，2009），这是由于它们自身为生产者提供服务的性质较为突出。从制造业对生产者服务的需求结构变动情况看，由表5-5可知，2002~2007年间，劳动密集型制造业的生产者服务投入占比均出现了下降，如其对信息传输计算机服务和软件业的投入占比由2002年的23%下降到了2007年的18%，降幅为5%。与此相反，资本以及技术密集型制造业的生产者服务投入占比

则有所上升，例如技术密集型制造业对科学研究服务的投入由 2002 年的
49% 增加到了 59%，增幅为 10%。

表 5 – 5　　　　　**各服务部门对制造业中间产品的供给结构**　　　　单位：%

行业	2002 年			2007 年			2002 ~ 2007 年变化量		
	劳密型	资密型	技密型	劳密型	资密型	技密型	劳密型	资密型	技密型
信息传输计算机服务软件	23	35	42	18	39	43	− 5	4	1
租赁和商务服务业	31	25	44	26	27	48	− 5	2	3
金融业	27	34	39	21	36	43	− 6	2	4
交通运输仓储邮政业	25	37	38	23	38	39	− 2	1	1
科学研究事业	16	35	49	13	28	59	− 3	− 7	10
综合技术服务业	27	37	36	21	37	42	− 6	0	6
批发和零售贸易业	31	30	39	22	33	45	− 8	3	5
住宿餐饮业	29	33	39	22	37	41	− 6	4	2
房地产业	30	28	42	28	30	41	− 2	2	− 1
居民服务和其他服务	25	37	38	22	39	39	− 3	2	0
水利环境公共设施管理	31	31	38	31	32	37	0	1	− 1
卫生社会保障福利业	31	35	34	17	43	40	− 13	7	6
教育事业	26	35	39	23	37	40	− 3	2	1
文化体育娱乐业	27	32	41	23	36	41	− 4	4	1
公共管理和社会组织	—	—	—	24	36	40	—	—	—

表 5 – 6　　　　**2002 ~ 2007 年间各服务部门总产出及结构变动情况**

行业	服务部门产出				2002 ~ 2007 年变化量	
	2002 年		2007 年			
	总量（亿元）	占比（%）	总量（亿元）	占比（%）	总量变动	结构变动
信息传输、计算机服务软件业	5514	5.85	9494	5.16	3981	− 0.69
租赁和商务服务业	5194	5.51	11155	6.06	5961	0.55
金融业	7314	7.76	18440	10.02	11126	2.26

行业	服务部门产出				2002～2007年变化量	
	2002 年		2007 年		总量变动	结构变动
	总量（亿元）	占比（%）	总量（亿元）	占比（%）		
交通运输仓储和邮政业	14606	15.49	32104	17.44	17497	1.95
科学研究事业	734	0.78	1305	0.71	572	-0.07
综合技术服务业	1836	1.95	4162	2.26	2326	0.31
批发和零售业	17145	18.18	27292	14.82	10147	-3.36
住宿和餐饮业	7146	7.58	14024	7.62	6878	0.04
房地产业	7354	7.80	13985	7.60	6631	-0.20
居民服务和其他服务业	4422	4.69	8287	4.50	3865	-0.19
水利、环境和公共设施管理业	1267	1.34	2043	1.11	776	-0.23
卫生、社会保障和社会福利业	4131	4.38	10528	5.72	6398	1.34
教育	6296	6.68	12828	6.97	6533	0.29
文化、体育和娱乐业	1761	1.87	3477	1.89	1716	0.02
公共管理和社会组织	9575	10.16	14972	8.13	5397	-2.02
合计	94293	100	184096	100	89803	—

综合以上分析可知，无论是从服务供给还是服务需求的角度看，在总量上，技术密集型制造业与服务业的关系最为密切，而后是资本以及劳动密集型制造业。其次，公共性质较为显著的服务部门，如公共管理、卫生社会保障福利业等，是制造业产品的重要需求方，而交通运输仓储业、信息传输计算机服务软件业、金融业以及商务服务业则是满足制造业中间产品需求的重要部门，即是主要的生产者服务部门。

5.4.2　制造业相对于服务需求和服务供给变动的敏感度分析

1. 服务业作为制造业产品的需求方

据式（5.19），我们总共可以得到2940组数据（14×14×15），为了避免报告结果过于烦琐，提高信息的有效性，本节筛选出 2002 年或 2007 年中至少有一年的数值大于 0.01 的弹性值，定义为"相关弹性"，即某一技术结构系数变动 1%，引起相关部门产出变动大于 0.01% 的弹性值。这样做的好处是，剔除了相对不重要的数据，仅以更能带动产出增长的生产交易活动作为考察对象。结果如表 5 - 7 所示。

表 5 - 7   服务部门作为需求方的"相关弹性"

制造业部门	供给方	需求方	弹性值	
			2002 年	2007 年
劳动密集型制造业	食品制造业	食品制造业		
		批发零售业	0.0163	0.0061
		住宿餐饮业	0.1331	0.1393
	纺织业	纺织业		
		批发零售业	0.0170	0.0146
		居民服务业	0.0413	0.0085
		公共管理业	0.0400	0.0128
		租赁和商务服务业	0.0022	0.0112
		交通运输仓储邮政业	0.0063	0.0100
	木材加工家具制造业	木材加工家具制造业		
		批发零售业	0.0269	0.0151
		居民服务业	0.0425	0.0141
		教育事业	0.0349	0.0338
		公共管理业	0.0643	0.0467
		卫生社会保障福利业	0.0069	0.0149
	造纸印刷及文教体育用品制造业	造纸印刷及文教体育用品制造业		
		信息传输服务业	0.0314	0.0209
		租赁商务服务业	0.0714	0.0961
		金融业	0.0264	0.0478
		交通运输仓储邮政业	0.0204	0.0102
		批发零售业	0.1163	0.0486
		居民服务业	0.0252	0.0151
		教育事业	0.0608	0.0581
		文化体育娱乐业	0.0387	0.0307

续表

制造业部门		供给方	需求方	弹性值	
				2002 年	2007 年
劳动密集型制造业	造纸印刷及文教体育用品制造业		公共管理业	0.0748	0.0667
			卫生社会保障福利业	0.0041	0.0186
		化学工业	卫生社会保障福利业	0.0088	0.0141
		租赁和商务服务业	批发零售业	0.0094	0.0177
		食品制造业	住宿餐饮业	0.0118	0.0162
资本密集型制造业	石油加工炼焦及核燃料加工业	石油加工炼焦及核燃料加工业	交通运输仓储邮政业	0.3191	0.3192
			批发零售业	0.0412	0.0069
			公共管理业	0.0147	0.0192
			租赁和商务服务业	0.0036	0.0185
		食品制造业	住宿餐饮业	0.0083	0.0105
		化学工业	卫生社会保障福利业	0.0187	0.0331
		交通运输仓储邮政业	交通运输仓储邮政业	0.0442	0.0264
			批发零售业	0.0150	0.0303
			公共管理业	0.0108	0.0073
	非金属矿物制品	非金属矿物制品业	房地产业	0.0165	0.0002
	金属冶炼及压延业	交通运输设备制造业	交通运输仓储邮政业	0.0203	0.0161
			批发零售业	0.0111	0.0035
		石油加工炼焦核燃料	交通运输仓储邮政业	0.0090	0.0141
		电气机械及器材制造	信息传输服务业	0.0102	0.0071
	金属制品业	金属制品业	信息传输业	0.0102	0.0011
			租赁商务服务业	0.0108	0.0181
			公共管理业	0.0125	0.0014
		石油加工炼焦核燃料	交通运输仓储邮政业	0.0066	0.0109
	通用专用设备制造	通用专用设备制造	租赁商务服务业	0.0104	0.0024
			交通运输仓储邮政业	0.0351	0.0225
			批发零售业	0.0266	0.0028
			卫生社会保障福利业	0.0131	0.0191
		石油加工炼焦核燃料	交通运输仓储邮政业	0.0083	0.0164
		交通运输设备制造业	交通运输仓储邮政业	0.0140	0.0135

续表

制造业部门		供给方	需求方	弹性值	
				2002 年	2007 年
技术密集型制造业	化学工业	化学工业	批发零售业	0.0263	0.0096
			居民服务业	0.0219	0.0233
			卫生社会保障福利业	0.0985	0.1174
			租赁和商务服务业	0.0019	0.0112
			交通运输仓储邮政业	0.0107	0.0123
		食品制造业	住宿餐饮业	0.0117	0.0140
	交通运输设备制造	交通运输设备制造	信息传输服务业	0.0184	0.0031
			租赁和商务服务业	0.0221	0.0198
			交通运输仓储邮政业	0.1423	0.1007
			批发零售贸易业	0.0776	0.0221
			水利环境公共设施管理	0.0157	0.0029
			公共管理业	0.0257	0.0153
		交通运输仓储邮政业	交通运输仓储邮政业	0.0202	0.0087
	电气机械及器材制造业	电气机械及器材制造	信息传输服务业	0.0603	0.0293
			租赁商务服务业	0.0287	0.0366
			批发零售贸易业	0.0392	0.0122
		通信设备及其他电子设备制造业	信息传输服务业	0.0133	0.0026
			租赁商务服务业	0.0168	0.0038
	通信设备及其他电子设备制造业	通信设备及其他电子设备制造业	信息传输业	0.0867	0.0331
			租赁商务服务业	0.1094	0.0479
			金融业	0.0118	0.0008
			科学研究事业	0.0134	0.0034
			批发零售业	0.0435	0.0091
			居民服务业	0.0119	0.0151
			综合技术服务业	0.0065	0.0106
		租赁和商务服务业	批发零售业	0.0126	0.0092

续表

制造业部门		供给方	需求方	弹性值	
				2002 年	2007 年
技术密集型制造业	仪器仪表及文化办公用机械制造业	仪器仪表及文化办公用机械制造业	信息传输服务业	0.0824	0.0360
			金融业	0.0335	0.0182
			交通运输仓储邮政业	0.0139	0.0095
			科学研究事业	0.0108	0.0142
			批发零售业	0.0131	0.0034
			居民服务业	0.0557	0.0316
			卫生社会保障福利业	0.0139	0.0091
			教育业	0.0348	0.0723
			公共管理业	0.0158	0.0103
			租赁和商务服务业	0.0043	0.0132
			综合技术服务业	0.0095	0.0415
		石油加工炼焦核燃料	交通运输仓储邮政业	0.0145	0.0263
		化学工业	卫生社会保障福利业	0.0096	0.0169
		交通运输仓储邮政业	交通运输仓储邮政业	0.0076	0.0135

总体上看，弹性值最大的生产交易活动均体现为相关部门交易活动产生的"直接效应"。例如：2007 年，石油炼焦核燃料加工业相对于交通运输业的直接相关弹性为 0.3192，表明交通运输业对石油炼焦核燃料加工业的需求提高 1%，将会带来石油炼焦及核燃料加工业的产出增长 0.3192%。此外，同年，食品制造业相对于住宿餐饮业，化学工业相对于卫生社会保障福利业的直接相关弹性值也较高，分别为 0.1393% 和 0.1174%，这反映了与某一制造业部门产出增长具有紧密相关性的服务需求活动。此外，可以观察到的另一个特点是，个别服务部门的产出拉动效应往往是通过与某一固定制造业部门的交易活动产生，如：住宿餐饮业总是通过对食品制造业的投入变动带动其他部门的产出增长；交通运输仓储邮政业则主要是通过运输设备制造业、石油炼焦及核燃料加工业这两个部门对其他制造业部门的产出。

对于劳动密集型制造业[①]而言，具有公共性质的服务部门需求及相关交易活动对产出起到显著的拉动作用，如公共管理业、教育业等。例如：2007 年，公共管理业对造纸印刷业的直接拉动效应非常显著，弹性值达到了 0.0668，意味着公共管理部门对造纸印刷业的投入需求提高 1%，将会带来该部门的产出提高 0.0668%。此外，服务部门主要是通过对劳动密集型制造业部门的需求变动（尤其是对制造业本部门的直接需求）对劳动密集型制造业部门的产出产生影响，"直接效应"显著的高于"间接效应"。

对于资本密集型制造业[②]而言，生产者服务业的需求拉动效应较为明显，如：交通运输仓储和邮政业、租赁和商务服务业、信息传输计算机服务和软件业，其中，交通运输仓储邮政业起到非常显著的需求拉动作用，除了直接效应，该部门主要是通过对石油炼焦及核燃料加工业、运输设备制造业这两个部门的中间需求变动，对资本密集型制造业的产出产生影响。比如说，2007 年交通运输业对运输设备制造业的需求增加 1%，将会带来金属冶炼压延业的产出增加 0.0161%。

对于技术密集型制造业[③]，具有显著产出拉动作用的服务部门主要为信息传输服务业、租赁和商务服务业等生产者服务部门，例如，化学工业相对于租赁和商务服务业的直接产出弹性为 0.0112；交通运输设备制造业对于租赁和商务服务业的直接产出弹性为 0.0198，这进一步说明技术密集型制造业与生产者服务部门具有最为密切的相关性。另外，电气机械制造业、通信及电子设备制造业以及仪器仪表制造业这三个部门对于信息传输业的产出直接弹性也均大于 0.01。各服务部门需求对技术密集型制造业部门的产出拉动依旧主要是靠对制造业部门自身需求变动的直接影响，如运输设备制造业、电气机械及器材制造业、通信及电子设备制造业相对于服务业的"相关弹性"，均是以本部门自身作为服务业中间产品的提供方，即"直接效应"占主导。

---

① 对于纺织业，所有的弹性值均低于 1，因此在表 5 - 7 中没有列出。
② 对于非金属矿物制品业，所有的弹性值均低于 0.01，因此在表 5 - 7 中没有列出。
③ 对于化学工业，所有的弹性值均低于 0.01，因此在表 5 - 7 中没有列出。

为了更清楚地找出 2002～2007 年间服务部门作为需求方时"相关弹性"的变化趋势，笔者做了一个简单的统计，统计结果如表 5－8 所示。2002～2007 年间，弹性值下降的系数值有 52 个，其中劳动、资本以及技术密集型制造业部门分别为 15 个、13 个和 24 个；弹性值上升的系数值有 37 个，其中劳动、资本以及技术密集型制造业部门分别为 10 个、11 个和 16 个。由此可以看出，这五年间，服务需求对制造业部门的产出拉动效应整体上出现了下降的趋势。另外，从服务部门看，租赁和商务服务部门、交通运输仓储和邮政业的产出拉动效应有所增强，如：租赁和商务服务部门对纺织业的直接拉动效应由 2002 年的 0.0022% 上升到了 2007 年的 0.0112%，交通运输仓储和邮政业对纺织业的直接拉动效应则由 0.0063% 上升到了 0.01%。

表 5－8　　　　　2002～2007 年间服务需求"相关弹性"变动趋势

	"相关弹性"下降	"相关弹性"上升	合计
劳动密集型	15	10	25
资本密集型	13	11	24
技术密集型	24	16	40
合计	52	37	89

2. 服务业作为制造业中间产品的供给方

同样，根据式（5.19）可以计算出，服务部门作为中间产品提供方时，即生产者服务业，制造业部门的产出相对于某个技术结构系数的"相关弹性"。通过计算可知，当服务部门作为制造业中间产品的提供方时，制造业产出相对于技术结构系数变动的弹性值远远小于服务部门作为制造业产品需求方时的弹性值，因此，不同于前面，在这里"相关弹性"指的是 2002 年或 2007 年中某一年弹性值大于 0.002[①] 的弹性，即：某一技

[①] 考虑到数据能够提供的信息量和有效性两个方面的因素，在这将 0.002 作为标准进行筛选较为合宜。

术结构系数变动 1%，引起相关部门产出变动大于 0.002% 的弹性值，计算结果见表 5-9。

表 5-9　　　　服务部门作为中间产品提供方的"相关弹性"

制造业部门		供给方	需求方	弹性值	
				2002 年	2007 年
劳动密集型制造业	食品制造业	住宿餐饮业	纺织业	0.0022	0.0018
			通用专用设备制造业	0.0026	0.0026
			化学工业	0.0022	0.0032
			食品制造业	0.0010	0.0023
			金属冶炼及压延业	0.0007	0.0020
	木材加工及家具制造业	批发和零售贸易业	食品制造业	0.0022	0.0010
			纺织业	0.0023	0.0007
			化学工业	0.0025	0.0011
	造纸印刷及文教体育用品制造业	租赁和商务服务业	食品制造业	0.0046	0.0057
			纺织业	0.0042	0.0038
			通用专用设备制造业	0.0023	0.0027
			化学工业	0.0046	0.0069
			交通运输设备制造业	0.0025	0.0032
			电气机械及器材制造业	0.0022	0.0045
			通信及其他电子设备	0.0038	0.0035
		交通运输仓储邮政业	化学工业	0.0027	0.0023
		金融业	金属冶炼及压延业	0.0008	0.0028
			化学工业	0.0014	0.0029
			通信及其他电子设备	0.0010	0.0032
		批发和零售贸易业	食品制造业	0.0069	0.0031
			纺织业	0.0072	0.0020
			造纸印刷文教体育用品	0.0037	0.0010
			非金属矿物制品业	0.0026	0.0015
			金属冶炼及压延业	0.0059	0.0030

续表

制造业部门		供给方	需求方	弹性值	
				2002 年	2007 年
劳动密集型制造业	造纸印刷及文教体育用品制造业	批发和零售贸易业	金属制品业	0.0020	0.0011
			通用专用设备制造业	0.0045	0.0029
			化学工业	0.0079	0.0032
			交通运输设备制造业	0.0035	0.0030
			电气机械及器材制造业	0.0028	0.0020
			通信及其他电子设备	0.0050	0.0036
资本密集型制造业	石油加工炼焦及核燃料加工业	交通运输仓储邮政业	食品制造业	0.0106	0.0130
			纺织业	0.0090	0.0096
			木材加工及家具制造业	0.0050	0.0040
			造纸印刷文教体育用品	0.0067	0.0039
			石油加工炼焦……	0.0074	0.0060
			非金属矿物制品业	0.0092	0.0105
			金属冶炼压延业	0.0177	0.0150
			金属制品业	0.0059	0.0042
			通用专用设备制造业	0.0114	0.0110
			化学工业	0.0193	0.0181
			交通运输设备制造业	0.0060	0.0064
			电气机械及器材制造业	0.0057	0.0065
			通信及其他电子设备	0.0063	0.0062
		批发和零售业	食品制造业	0.0044	0.0023
			造纸印刷文教体育用品	0.0024	0.0007
			金属冶炼压延业	0.0037	0.0022
			通用专用设备制造业	0.0029	0.0021
			化学工业	0.0050	0.0024
			交通运输设备制造业	0.0020	0.0022
			通信及其他电子设备	0.0032	0.0027
		租赁和商务服务业	食品制造业	0.0015	0.0025
			化学工业	0.0016	0.0030
			电气机械及器材制造业	0.0007	0.0020

续表

制造业部门		供给方	需求方	弹性值	
				2002 年	2007 年
资本密集型制造业	金属冶炼及压延加工业	交通运输仓储邮政业	金属冶炼及压延加工业	0.0030	0.0022
			化学工业	0.0033	0.0026
		批发零售业	食品制造及烟草加工业	0.0025	0.0009
			纺织业	0.0025	0.0006
			金属冶炼及压延加工业	0.0021	0.0008
			化学工业	0.0028	0.0009
	金属制品业	租赁和商务服务业	食品制造业	0.0020	0.0019
			化学工业	0.0020	0.0023
		交通运输仓储邮政业	金属冶炼及压延业	0.0020	0.0017
			化学工业	0.0021	0.0021
		批发和零售业	纺织业	0.0022	0.0005
			化学工业	0.0025	0.0009
	通用专用设备制造业	交通运输仓储邮政业	食品制造业	0.0021	0.0023
			金属冶炼及压延业	0.0035	0.0026
			通用专用设备制造业	0.0022	0.0019
			化学工业	0.0038	0.0031
		批发和零售业	食品制造业	0.0026	0.0008
			纺织业	0.0027	0.0005
			金属冶炼及压延业	0.0022	0.0007
			化学工业	0.0030	0.0008
技术密集型制造业	化学工业	交通运输仓储邮政业	金属冶炼及压延业	0.0024	0.0022
			化学工业	0.0026	0.0027
		批发零售业	纺织业	0.0034	0.0009
			金属冶炼及压延业	0.0028	0.0013
			通用专用设备制造业	0.0021	0.0013
			化学工业	0.0037	0.0014
			通信及其他电子设备	0.0023	0.0016

制造业部门	供给方	需求方	弹性值	
			2002 年	2007 年
技术密集型制造业	化学工业	租赁和商务服务业		
		食品制造业	0.0014	0.0020
		化学工业	0.0014	0.0024
	交通运输设备制造业	交通运输仓储邮政业		
		食品制造业	0.0043	0.0043
		纺织业	0.0041	0.0032
		木材加工及家具制造业	0.0023	0.0013
		造纸印刷文教体育用品	0.0031	0.0013
		石油加工炼焦	0.0034	0.0020
		非金属矿物制品业	0.0042	0.0035
		金属制品业	0.0027	0.0050
		通用专用设备制造业	0.0052	0.0036
		化学工业	0.0089	0.0060
		电气机械及器材制造业	0.0026	0.0021
		通信及其他电子设备	0.0029	0.0021
		批发零售业		
		食品制造业	0.0047	0.0015
		纺织业	0.0048	0.0010
		造纸印刷文教体育用品	0.0025	0.0005
		金属冶炼及压延业	0.0039	0.0014
		通用专用设备制造业	0.0030	0.0014
		化学工业	0.0053	0.0016
		交通运输设备制造业	0.0024	0.0015
		通信及其他电子设备	0.0034	0.0018
	电气机械及器材制造业	信息传输服务业		
		纺织业	0.0020	0.0004
		金属制品业	0.0021	0.0002
		通用专用设备制造业	0.0025	0.0004
		化学工业	0.0024	0.0008
		金属冶炼及压延业	0.0015	0.0021

续表

制造业部门		供给方	需求方	弹性值	
				2002 年	2007 年
技术密集型制造业	电气机械及器材制造业	租赁和商务服务业	食品制造业	0.0029	0.0025
			纺织业	0.0026	0.0016
			化学工业	0.0029	0.0030
			通信及其他电子设备	0.0024	0.0015
			电气机械及器材制造业	0.0014	0.0020
		交通运输仓储邮政业	金属冶炼及压延业	0.0023	0.0015
			化学工业	0.0025	0.0018
		批发和零售业	食品制造业	0.0037	0.0012
			造纸印刷文教体育用品	0.0020	0.0004
			金属冶炼及压延业	0.0031	0.0012
			通用专用设备制造业	0.0024	0.0011
			化学工业	0.0041	0.0013
			通信及其他电子设备	0.0026	0.0014
	通信及其他电子设备	信息传输服务业	纺织业	0.0024	0.0005
			金属制品业	0.0025	0.0002
			通用专用设备制造业	0.0030	0.0005
			化学工业	0.0029	0.0009
			交通运输设备制造业	0.0020	0.0003
			电气机械及器材制造业	0.0022	0.0003
			金属冶炼及压延业	0.0018	0.0024
		租赁和商务服务业	食品制造业	0.0062	0.0030
			纺织业	0.0056	0.0020
			通用专用设备制造业	0.0031	0.0014
			化学工业	0.0062	0.0036
			交通运输设备制造业	0.0033	0.0017
			电气机械及器材制造业	0.0029	0.0024
			通信及其他电子设备	0.0051	0.0018

制造业部门		供给方	需求方	弹性值	
				2002 年	2007 年
技术密集型制造业	通信及其他电子设备	批发和零售业	食品制造业	0.0037	0.0011
			纺织业	0.0039	0.0007
			造纸印刷文教体育用品	0.0020	0.0003
			金属冶炼及压延业	0.0032	0.0010
			通用专用设备制造业	0.0024	0.0010
			化学工业用	0.0042	0.0011
	仪器仪表制造业	信息传输服务业	纺织业	0.0023	0.0006
			金属制品业	0.0024	0.0002
			通用专用设备制造业	0.0030	0.0006
			化学工业	0.0028	0.0010
			交通运输设备制造业	0.0020	0.0003
			电气机械及器材制造业	0.0021	0.0003
			金属冶炼及压延业	0.0018	0.0028
		交通运输仓储邮政业	金属冶炼及压延业	0.0031	0.0031
			通用专用设备制造业	0.0020	0.0023
			化学工业	0.0033	0.0038
			食品制造业	0.0018	0.0027
			纺织业	0.0016	0.0020
			非金属矿物制品业	0.0016	0.0022
		批发和零售业	食品制造业	0.0029	0.0014
			金属冶炼及压延业	0.0025	0.0014
			化学工业	0.0033	0.0015
			通信及其他电子设备	0.0021	0.0017

通过对表 5 - 10 的数据进行统计我们发现，超过 0.002% 的弹性值总共有 159 个，其中劳动、资本以及技术密集型制造业分别为 30 个、46 个和 83 个（见表 5 - 10）。可见生产者服务投入对技术密集型制造业的产出

拉动作用最为显著，其次分别为资本和劳动密集型制造业。由表 5 - 10 可知，具有显著产出拉动效应的服务部门较为单一，主要集中在交通运输仓储和邮政业、租赁和商务服务业以及批发和零售贸易业，这三个服务部门分别属于不同的类型，交通运输仓储和邮政业属于传统的生产者服务部门，租赁和商务服务业则被认为是新兴的生产者服务部门，批发和零售贸易业则通常被认为是消费者服务部门。其次，对于技术密集型制造业而言，租赁和商务服务部门发挥了重要作用。另外，不同于劳动以及资本密集型制造业部门，信息传输计算机服务软件业中间投入对技术密集型制造业的产出拉动效应也非常显著，比如 2002 年，通用专用设备制造业通过增加 1% 的信息传输服务投入，便会带动电气机械及器材制造业 0.0025% 的增长；电气机械及器材制造业通过增加 1% 的信息传输服务投入，便会带动通信及其他电子设备制造业的产出增长 0.002% 。

表 5 - 10　2002 ~ 2007 年间服务供给的"相关弹性"变动情况　　单位：个

	"相关弹性"下降	"相关弹性"上升	"相关弹性"不变	合计
劳动密集型	18	11	1	30
资本密集型	32	12	2	46
技术密集型	68	13	2	83
合计	118	36	5	159

从变化趋势看，2002 ~ 2007 年间大部分服务供给的"相关弹性"均出现了显著的下降。如表 5 - 10 所示，劳动密集型制造业中有 60% 的环节的拉动效应下降了，（18÷30）；资本密集型制造业有将近 70% 的环节出现了下降；技术密集型制造业则更为严峻，出现下降的环节占比超过了 80% 。从服务部门看，这样的下降主要是由信息传输服务业、批发和零售贸易业这两个服务部门造成的，例如：相对于 2002 年的 0.0025% ，2007 年通用专用设备制造业通过增加 1% 的信息传输服务投入，仅能带动电气机械及器材制造业 0.0004% 的增长，而电气机械及器材制则仅能带动通信及其他电子设备制造业的产出增长 0.0003% 。

与服务需求的拉动效应不同的是,部门间交易活动的"直接效应"不再占主导地位,而"间接效应"相对明显。但是,如前文对表 5 - 1 的说明可知,这里仅"直接效应"才是通常理论和经验研究中所重点考察的"生产者服务效应"。由此可见,我国生产者服务业供给对制造业的影响还仅仅限于基于密切产业关联基础上的间接拉动效应,生产者服务业对制造业产出增长的直接促进作用还相当有限,生产者服务业还未能充分发挥其在理论研究中具备的"推进器"作用。

5.5

本章小结

本章利用子系统模型从服务需求和服务供给的角度,从总量上分析了服务业与不同密集度制造业之间的相互需求关系,并借助敏感度分析方法,考察了制造业各部门的产出相对于技术结构系数变动的弹性,据此识别出对于某一制造业部门发展最为重要的服务部门和相关的生产交易活动。此外,本章不仅分析了服务供给(即生产者服务)对制造业的影响,同时还考察了服务需求对制造业产出变动的直接和间接影响。通过分析,本章得出以下主要结论:

(1)从需求总量上看。批发零售贸易业、交通运输仓储和邮政业、租赁和商务服务业、信息传输计算机服务软件业是制造业产品的主要需求方,而这些部门同时也是制造业中间产品的主要供给方。

不管是作为制造业产品的需求方还是中间产品的供给方,服务业对技术密集型制造业的需求量和供给量在规模上都是最大的,其次为资本以及劳动密集型制造业。

(2)从敏感度分析即作用强度来看。当服务作为制造业产品的需求方时,不同类型服务部门对制造业产出的拉动效应也不同。公共服务部门需求对劳动密集型制造业的产出拉动效应较为明显;生产者服务性质较为显著的部门需求则对资本以及技术密集型制造业的拉动效应更为显著。

当服务作为供给方,即发挥生产者服务作用时,生产者服务供给对制造业的产出拉动效应则主要依赖于交通运输仓储和邮政业、租赁和商务服务业以及批发和零售贸易业这三个部门。另外，生产者服务供给对技术密集型制造业的产出拉动效应最显著。

从变化趋势看，2002～2007年间，服务业不管是作为需求方还是供给方，其对制造业的产出拉动效应均呈现出了整体下降的趋势，如表5-8和表5-10所示，所有弹性值中出现下降趋势的个数均远远超过了弹性值上升的个数。其中技术密集型制造业的下降趋势最为显著。如表5-10中，技术密集型制造业出现下降的环节占比超过了80%。这说明，研究期间内，生产者服务业对中国制造业的产业拉动效应下降了。

（3）在敏感度分析中，当服务业作为需求方时，主要是通过与某一制造业部门的直接交易活动对该部门的产出产生影响，即表现为"直接效应"占主导。而当服务业作为制造业中间产品的供给方时，即发挥生产者服务作用时，则主要是通过与其他制造业部门的交易活动带动另一制造业部门产出的增长，此时"间接效应"占主导（见表5-9）。而一般理论上所阐述的生产者服务促进制造业效率提升的"直接效应"表现十分微弱。这说明，目前我国服务业对制造业的积极影响还仅仅是体现为产业之间相互需求引致的拉动效应，理论意义上的生产者服务业直接促进制造业效率提升的有效机制还很微弱，不仅如此，结合结论2，生产者服务业对制造业的直接和间接产业拉动作用在2002～2007年间不仅没有上升反而下降了。

通过本章的分析，可以得出的重要启示是：

第一，各产业间、产业内以及部门间、部门内都具有十分密切的关联性，在计划和实施相关产业政策并对政策效果进行评估的同时，应当充分考虑到各个产业部门间牵一发而动全身的联动效应；

第二，我国生产者服务业促进制造业发展的产业推进器作用还有待加强，一方面这可能是由于目前我国服务业市场化程度还比较低，服务提供成本还较高，因此在市场化程度还不完善的情况下，大部分制造企业宁愿选择内部自我提供所需的服务，另一方面我国制造业还处于全球价值链低端，因此制造业自身对服务的需求程度也还比较低①，因此应加快推进和

---

① 笔者利用我国及美国2007年的投入产出表计算得出，我国各个制造业部门的中间服务投入在制造业总产值中所占的比重基本都在10%左右，远低于美国20%的水平。

完善垄断性服务行业的改革，扩大服务业的开放领域。

第三，本章的分析结论表明，目前我国生产者服务业对制造业的拉动作用还主要体现为一种"间接效应"，而这种"间接效应"往往不易被察觉，在相关的理论和经验研究文献中也没有被涉及，大部分已有研究考察的都是生产者服务的"直接效应"，即生产者服务通过降低制造业的生产成本或交易成本促进该制造业部门效率的提升。然而，冯泰文（2009）的研究结论表明，在我国仅交易成本是生产者服务业促进制造业效率提升的中介变量，而交易成本降低也只能解释总效应的8％，因此，冯泰文指出生产者服务业影响制造业的机理还有待进一步的探索，而本章区别了生产者服务供给的"直接效应"和"间接效应"，该细分方法为这一问题的解答提供了一个新的思路。

第6章

生产者服务对中国制造业出口贸易的影响效应分析

6.1
引言

近年来我国制造业迅速发展，取得了举世瞩目的成绩，但是金融危机后，制造业受到了前所未有的冲击，这不仅反映了我国产业乃至经济发展高度依赖外需、内需明显不足的现状，也使我国制造业价值增值能力低、抗风险能力弱等问题暴露出来，保增长、调结构成为经济发展的重要目标，然而如何才能实现产业结构的升级？大力发展服务业，尤其是具有显著产业促进作用的生产者服务业成为必经之路。那么如何才能充分利用制造业与生产者服务业的互动机制，实现以服务业巩固制造业、进而优化贸易结构的发展目标？首先需要理清以下问题：我国经济整体的产业关联水平如何？哪些生产者服务部门对制造业及其出口贡献较为突出？服务业开放度与制造业出口贸易模式又有怎样的关系？本章试图对以上问题加以解答。

现在有越来越多的人认识到，服务业并不仅仅包括餐饮、娱乐等为生活服务的"消费者服务业"，随着经济的发展和产业结构的调整，生产者服务直接或间接为生产、经营活动提供中间服务的功能，使之不仅成为现代服务业发展的主要增长点和吸收就业的主要渠道，还成为许多发展中国家实现产业结构转型升级的重点。基于生产者服务业显著的产业关联作用，其与其他产业尤其是与制造业的互动关系成为了研究焦点。一方面，制造业的发展程度被认为是决定生产者服务业发展水平的关键因素（Paolo Guerrier，2005）。另一方面，生产者服务业对制造业的影响也受到了较多关注。弗兰克伊斯（1996）分析了OECD国家生产者服务投入与制造业产业结构之间的关系。班加等（Rashmi Banga et al.，2004）基于印度的研究结果表明，印度生产者服务对制造业效率的提高具有显著促进作用，而制造业作为生产者服务的主要需求者，其基础的巩固又将促进生产者服务业的进一步发展，从而实现产业互动的良性循环。我国学者基于本国的经济背景也进行了相关研究，如江静等（2007）、顾乃华等（2006）。

基于生产者服务业对制造业的影响机制，有关生产者服务业与贸易互动关系的研究主要是从生产成本、交易成本以及生产者服务离岸这三个视角展开：（1）生产者服务作为制造业的高级投入要素，直接进入生产函数影响制造业产品的生产成本和国际竞争力，进而影响货物贸易的贸易流向、贸易模式以及收益分配（Markusen，1989；Marrewijk，1997；Hilde-gunn Kyvik Nordås，2010）；（2）生产者服务并不直接影响生产成本，而是起到协调、控制专业化生产过程，促进交易成本降低和跨国交易便利化的作用，弗兰克伊斯（1990）利用理论模型清晰地刻画了生产者服务在生产过程中所扮演的纽带作用，迪尔朵夫（Deardorf，2001）通过分解运输成本函数，分析了服务贸易自由化所能带来的交易便利化好处；（3）随着跨国公司经营活动的日益活跃，以跨国公司为载体的服务离岸也受到了关注，尤其是服务离岸对母国与东道国所产生的就业以及工资效应。如阿米蒂和韦（Amiti and Wei，2006）分析了生产者服务离岸对美国制造业生产率的影响。弗兰克伊斯（2008）则分析了生产者服务离岸对制造业就业、增加值以及出口的影响。

这一领域许多研究都提供了来自于OECD等发达经济体的经验证据，但是对于发展中国家的研究较少。过去国内学者对生产者服务业与制造业的产业关联作用给予了较多关注，但是基于此产业关联效应，进一步深入探讨生产者服务业与贸易关系的研究却很少，近两年来，此类研究开始陆续出现。从研究角度看，主要可以分为以下三类：（1）生产者服务业自身对货物贸易的影响，如杨玲等（2010）、唐宜红和王明荣（2010）；（2）生产者服务部门开放度对货物贸易的影响，如熊凤琴（2010）、任会利等（2010）。（3）生产者服务部门开放度对制造业竞争力的影响，如顾乃华和夏杰长（2010）、尚涛和陶蕴芳（2009）。从研究方法看，大部分经验研究都是借助协整分析探讨生产者服务业与贸易之间的长期均衡关系，进一步利用 VAR 模型脉冲响应分析和方差分解法进行动态分析。相对来说，国内相关文献的研究角度过于单一，且大都是从整体上探讨生产者服务开放度与货物贸易流量或者结构的相关性，并没有考虑生产者服务的部门间差异。基于这种考虑，笔者利用我国历年的投入产出数据以及HS 分类下的海关统计数据，基于生产者服务业自身及其开放度，分部门探讨其与制造业的直接、间接需求关系以及与出口贸易结构之间的关系，特别强调以制造业产品为载体的生产者服务的间接出口部分，试图弥补国内相关研究较少涉及贸易因素以及研究方法单一、数据挖掘过于简单的部分不足。

具体安排如下：6.2 节为文献综述；6.3 节构建研究所用的投入产出模型并介绍本书数据的来源和相关处理方法；6.4 节对实证结果进行分析；最后是结论和启示部分。

6.2

模型、方法与数据

6.2.1　投入产出模型的构建

首先，本节将利用直接消耗系数考察制造业各部门对各类生产者服务的直接消耗。但是各产业部门间不仅具有直接需求关系，为了更加全面地刻画生产者服务业与制造业的互动关系，还需考察二者之间的完全需求关系，为此，令矩阵 M 为：

$$M = (I_n - A_{nn})^{-1} \tag{6.1}$$

其中，A 为直接消耗系数矩阵。M 矩阵的任一元素 m_{ij} 表示 j 部门为了得到一个单位最终产品，由于直接和间接消耗关系对 i 的需求量，值越大表明 j 部门对 i 部门完全需求越大，对 i 部门的产业拉动作用也越大。

其次，为了定量地刻画经济整体的产业关联强度，即生产的迂回度，定义联系指数 D：

$$D = \frac{\sum\limits_{i \in \lambda} \sum\limits_{j \in \lambda} A_{ij}}{\sum\limits_{i \in \lambda} \sum\limits_{j \in \omega} A_{ij}} \qquad (6.2)$$

其中，λ 表示产业账户的集合，ω 表示产业及增加值账户的集合。联系指数 D 衡量了在整个经济生产活动中，中间环节所占的比重，进而反映了部门间后向联系相对于整个经济生产活动的相对重要性。D 值越大，表示各部门的生产迂回程度越深，中间需求也越高。

最后，为了分析产业关联效应对出口贸易的影响，构造出口的诱发系数以考察物化于制造业产品出口中的服务的间接出口。令 f_j 为 j 商品的最终出口需求，f 是 f_j 的列向量，φ_j 为 j 部门出口在总出口中所占的比重，φ 是 φ_j 的列向量。

$$\phi = \left(\frac{f_1}{\sum\limits_{i=1}^{n} f_j} \quad \frac{f_2}{\sum\limits_{i=1}^{n} f_j} \quad \cdots \quad \frac{f_n}{\sum\limits_{i=1}^{n} f_j} \right)^T \qquad (6.3)$$

$$\Omega = M\phi = \begin{pmatrix} m_{11}\dfrac{f_1}{\sum f_j} + m_{12}\dfrac{f_2}{\sum f_j} + \cdots + m_{1n}\dfrac{f_n}{\sum f_{j'}} \\ m_{21}\dfrac{f_1}{\sum f_j} + m_{22}\dfrac{f_2}{\sum f_j} + \cdots + m_{2n}\dfrac{f_{n'}}{\sum f_j} \\ \vdots \\ m_{n1}\dfrac{f_1}{\sum f_j} + m_{n2}\dfrac{f_2}{\sum f_j} + \cdots + m_{nn}\dfrac{f_n}{\sum f_j} \end{pmatrix} \qquad (6.4)$$

Ω 的任意一项 ω_i 表示制造业产品出口需求增加一个单位，对服务业 i 部门的直接和间接需求影响，刻画了物化于制造业产品中的服务的间接出口强度。

6.2.2 数据来源及处理

本节主要需要三类数据，包括：投入产出数据、特定年份的货物贸易分部门出口数据以及服务贸易分部门进口数据。投入产出数据主要来自于各年份《投入产出表》，结合已有研究对生产者服务部门的界定，考虑到数据的可比性及可获得性，利用我国 1987～2007 年间共 9 张①投入产出表，按照比例法经过归并、拆分，统一出 15 个制造业部门②和 6 个生产者服务部门③。按照密集程度将 15 个制造业部门分为资本密集型、劳动密集型、技术密集型④，分类标准参照弗兰克伊斯（2008）及江静等（2007）。

1990 年、1992 年及 1995 年投入产出表没有各产业部门的进口和出口数据（仅有净出口数据），而本节计算需要相应年份的货物出口和服务进口的分部门数据，因此本节根据沈利生（2007，2008）中的方法，将 HS 分类下的海关统计数据和投入产出表中的贸易数据建立起对应关系，海关统计数据来源于各年份《海关统计年鉴》⑤，其余年份缺失的出口数据也按相同方法计算得出。服务贸易进口总量数据来自世界银行 WDI 数据库，再按相邻年份投入产出表中的相应部门比例进行拆分得到服务分部门进口数据。由于投入产出表并不是每年发布，因此回归分析中，参照北京课题组（2006）中的方法，缺失年份的投入产出系数用前一年份 I－O 表系数代替。

6.3

实证结果分析

本部分将借助第二部分构建的投入产出模型，从以下三个层次展开分

---

①　分别为 1987 年、1990 年、1992 年、1995 年、1997 年、2000 年、2002 年、2005 年以及 2007 年投入产出表。

②　15 个制造业部门分别为：煤炭采选业、金属矿采选业、非金属及其他矿物采选业、非金属矿物制品业、金属冶炼及压延加工业、金属制品业、电力热力的生产和供应业食品制造业、纺织业、木材加工及家具制造业、造纸及文教用品制造业、化学工业、交通运输设备制造业、电器机械及器材制造业、通信设备计算机及其他电子设备制造业。

③　6 个生产者服务部门分别为：交通运输业、邮政业、金融业、保险业、科学研究事业、综合技术服务业。

④　资本密集型制造业包括：煤炭采选业、金属矿采选业、其他非金属矿采选业、非金属矿物制品业、金属冶炼及压延加工业、金属制品业以及电力热力的生产和供应业；劳动密集型制造业包括：食品制造业、纺织业、木材加工及家具制造业、造纸及文教用品制造业；技术密集型制造业包括：化学工业、交通运输设备制造业、电气机械及器材制造业、电子及通信设备制造业。

⑤　鉴于我国 1990 年以前并未出版《中国海关统计年鉴》，无法找到与 1987 年投入产出表各制造业部门对应的出口数据，在此排除 1987 年相应数据的计算。

析：（1）利用联系指数考察国民经济整体的产业关联度；（2）利用直接消耗系数和完全需求系数分部门探讨生产者服务业与制造业的直接、完全需求关系；（3）利用出口诱发考察生产者服务的间接出口，并进一步结合计量面板数据模型，分析生产者服务进口对出口贸易结构的影响。

6.3.1 我国经济整体的产业关联度

本节利用联系指数考察我国经济整体的产业关联程度，结果如图 6 - 1 所示。弗兰克伊斯（1996）提出在经历由农业向工业经济体转变再到向服务经济体攀升这一过程时，一国的产业间联系度也会随之呈现出先上升再下降的变化趋势，可见，相对于农业和服务业，制造业所起到的产业关联效应最明显。那么对于制造业不断发展的我国来说，这种产业关联程度是否处于不断上升的阶段呢？

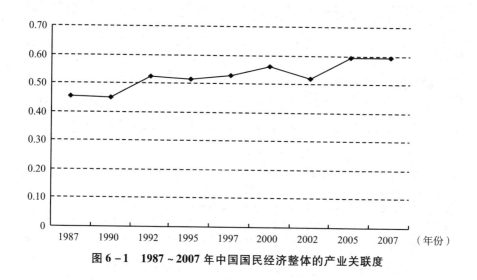

图 6 - 1 1987～2007 年中国国民经济整体的产业关联度

由图 6 - 1 可知：1987～2007 年间，我国经济整体产业关联度即生产迂回度大致呈现出上升趋势，由约 0.45 提高到了 0.6 左右。弗兰克伊斯（2008）基于 2001 年 78 个国家的数据研究发现，随着人均收入的提高，国家间产业关联系数呈现出先上升再下降的倒 U 型曲线，通过对比可知，我国目前已经处于曲线中部顶端部分，这恰好与我国目前正处于工业化发展阶段的现实相吻合，也进一步验证了弗兰克伊斯（1996）的观点。

6.3.2　生产者服务业与制造业的中间投入需求关系

本部分主要利用直接消耗系数和完全需求系数分析生产者服务业与制造业间的直接和完全需求关系。表 6-1 为制造业整体及不同密集度制造业部门对生产者服务的直接和完全需求。表 6-2 则为制造业对不同生产者服务部门的直接和完全需求。

表 6-1　　　　　　不同密集度制造业对服务的直接及完全需求

	直接消耗系数			完全需求系数		
	1987 年	1997 年	2007 年	1987 年	1997 年	2007 年
制造业整体	0.0078	0.0072	0.0098	0.0173	0.0201	0.0330
资本密集型	0.0058	0.0114	0.0122	0.0121	0.0247	0.0330
劳动密集型	0.0104	0.0054	0.0094	0.0214	0.0161	0.0321
技术密集型	0.0073	0.0047	0.0076	0.0185	0.0195	0.0340

资料来源：根据我国历年投入产出表计算得到。

表 6-2　　　　　　制造业对不同服务部门的直接及完全需求

		直接消耗系数			完全需求系数		
		1987 年	1997 年	2007 年	1987 年	1997 年	2007 年
服务业	交通运输业	0.0215	0.0303	0.0353	0.0452	0.0762	0.1028
	邮政业	0.0008	0.0000	0.0004	0.0019	0.0003	0.0017
	金融业	0.0173	0.0139	0.0159	0.0368	0.0385	0.0582
	保险业	0.0006	0.0020	0.0023	0.0013	0.0060	0.0117
	科学研究事业	0.0002	0.0003	0.0019	0.0008	0.0010	0.0067
	综合技术服务业	0.0040	0.0017	0.0056	0.0115	0.0041	0.0171

资料来源：根据我国历年投入产出表计算得到。

如表6-1所示，1987~2007年间，我国制造业整体对服务的直接需求和完全需求均有所提高，直接需求由0.0078提高到了0.0098，提高了约26%，完全需求由0.0173提高到了0.033，提高了近90%以上。其中，资本密集型制造业的对服务的直接和完全需求上升幅度均为最大，分别提高了1.1倍和1.8倍；劳动密集型制造业这两个指标几乎保持不变；技术密集型制造业的直接需求几乎没有变化，完全需求上升较大，成为对服务完全需求最多的制造业类型。

由表6-2可知我国制造业对传统的劳动密集型服务需求较大，如交通运输服务，而对人力资本及技术密集且真正起到产业拉动作用的科研及综合技术服务的需求则较小，这说明我国制造业的服务需求层次还有待提高。可以发现，1987~2007年间，金融保险业的完全需求系数显著提高。

6.4

生产者服务业、制造业与贸易

6.4.1　生产者服务的间接出口

生产者服务对出口贸易的作用部分反映为物化于制造业生产过程中，进而被间接出口的大小，利用出口诱发系数衡量物化服务的出口，结果见表6-3。由表6-3可知，单位出口中隐含的交通运输服务最多，其次为金融服务。从长期趋势来看，交通运输服务的间接出口在2005年达到最大值后出现下降趋势，金融、保险服务则呈上升趋势。这可能是因为随着我国经济发展水平的提高，劳动密集型服务的间接出口被更多的金融、保险服务所代替。此外，科研以及综合技术服务的间接出口也有较大幅度的提升。综合以上可知，我国服务的间接出口结构有所优化，传统的劳动密集型服务逐渐被资本、技术以及人力资本密集的服务所取代。

表6－3　　　　　　　　　　　　生产者服务业的间接出口

	1990年	1992年	1995年	1997年	2000年	2002年	2005年	2007年
交通运输业	0.0976	0.0563	0.0675	0.0662	0.0586	0.1153	0.1174	0.0970
邮政业	0.0030	0.0053	0.0028	0.0003	0.0005	0.0019	0.0214	0.0020
金融业	0.0390	0.0984	0.0339	0.0381	0.0327	0.0437	0.0543	0.0671
保险业	0.0013	0.0072	0.0025	0.0057	0.0076	0.0085	0.0101	0.0105
科学研究事业	0.0011	0.0005	0.0005	0.0008	0.0555	0.0017	0.0283	0.0104
综合技术服务业	0.0098	0.0142	0.0127	0.0037	0.0186	0.0061	0.2836	0.0161

资料来源：根据我国历年投入产出表计算得到。

6.4.2　生产者服务的离岸

前面考察了生产者服务与制造业及出口贸易之间的关系，接下来将进一步分析生产者服务进口对制造业出口贸易的影响，为此对以下方程进行回归：

$$\ln(\mathrm{EXPORT}_{jt}) = c + \alpha \ln(\mathrm{M}_{ijt*}\,\mathrm{IM}_{it}) + \varepsilon$$

其中，EXPORT_{jt} 为第 t 年制造业 j 部门的出口额，M_{ijt} 为第 t 年制造业 j 部门对服务业 i 部门的完全需求系数，IM_{it} 为第 t 年服务业 i 部门的进口额，为了分析进口服务对制造业生产的影响，利用 $\mathrm{M}_{ijt} * \mathrm{IM}_{it}$ 表示第 t 年制造业 j 部门对服务业 i 部门进口的完全需求，各变量均取自然对数，年份跨度为 1989~2009 年，回归结果见表6－4。

表6－4　　　　　　　　生产者服务离岸对制造业出口的影响

	交通运输业	邮政业	金融业	保险业	科学研究事业	综合技术服务业
C	11.1319*** (13.3407)	13.4208*** (38.1179)	13.6687*** (44.8597)	13.1909*** (30.4299)	14.9453*** (57.1015)	15.0950*** (69.0016)
lnIMit × Mijt	0.3261*** (4.4464)	0.3490*** (4.4628)	0.2645*** (4.5093)	0.2488*** (3.9923)	−0.0447 (−1.1466)	−0.1031*** (−3.3381)

续表

		交通运输业	邮政业	金融业	保险业	科学研究事业	综合技术服务业
资本密集型	c	11.2241*** (7.0542)	12.8639*** (19.2740)	13.0703*** (22.9467)	12.8871*** (15.7958)	14.0534*** (29.0107)	14.0291*** (33.8527)
	lnIMit × Mijt	0.225 (1.6166)	0.2383 (1.5447)	0.1651 (1.5018)	0.1345 (1.1528)	-0.0758 (-1.0233)	-0.08816 (-1.5189)
劳动密集型	c	11.2643*** (15.1059)	13.9363*** (42.3125)	13.9868*** (51.5229)	13.3350*** (33.8689)	15.4792**** (60.2900)	15.6046*** (76.9564)
	lnIMit × Mijt	0.3569*** (5.4271)	0.3225*** (4.5556)	0.2973*** (5.6824)	0.2992*** (5.2677)	-0.0627 (-1.6090)	-0.1193*** (-4.1289)
技术密集型	c	10.4685*** (14.8882)	14.2246*** (43.6859)	14.4182*** (52.1938)	13.4460*** (35.9948)	16.1228*** (54.3090)	16.4498*** (72.0505)
	lnIMit × Mijt	0.5075*** (8.1680)	0.4661*** (6.6569)	0.3928*** (7.4354)	0.4203*** (7.7792)	0.01206 (-0.2900)	-0.1130*** (-3.4936)

说明：括号内为 t 值，*** 表示在 1% 水平下显著。

由表 6-4 可知，从整体上看，交通运输业、邮政业、金融业、保险业的进口对制造业整体的出口具有显著促进作用，综合技术服务业的进口则不利于我国制造业出口贸易的发展，科学研究事业则表现为较弱的负相关性。这表明国外先进技术的引进很可能不利于我国制造业出口贸易的发展。技术进口能否有效地发挥积极作用很大程度上取决于技术引进国的技术吸收能力，这又依赖于当地的人力资本、金融市场以及技术差异等因素，而我国技术进口可能还存在诸多问题，如重引进、轻消化，重硬件、轻软件，重数量、轻质量，以及缺乏宏观层面的统筹规划导致重复引进和资源浪费等问题（李春顶，2010），从而使得技术进口带来的竞争加剧不仅没有激发当地企业的创新动力反而吞噬了企业的市场空间而打击了企业创新的积极性（谢建国，2006），进而对出口贸易产生不利影响。

从上述的分析可知资本密集型制造业服务需求增长最为迅猛，但是通过表 6-4 却发现服务进口对资本密集型制造业出口的影响却不显著，这不仅限制了资本密集型制造业自身的发展和提高，服务进口对制造业整体的积极影响也将大打折扣。

6.5

本章小结

本章利用投入产出模型考察了我国经济整体的产业关联度,还从部门层面分析了生产者服务业与制造业的产业关联效应,此外结合基本计量模型,进一步探讨了服务进口对我国出口贸易的影响,主要得出以下结论:

(1) 1987~2007 年间我国经济整体的产业关联程度有所提高,且已处于国际较高水平,这与我国目前正处于工业化发展阶段的国情相吻合,也为我国充分发挥产业关联效应,以服务业拉动制造业发展的政策目标奠定了现实基础。

(2) 我国制造业对服务的需求显著提升,资本、技术密集型制造业表现最为明显。1987~2007 年间,技术密集型制造业的服务化程度显著提高,这表明我国服务越来越倾向于投入到技术含量较高的制造业部门中,加之技术密集型制造业具有较高的产业拉动和反馈作用,这无疑会形成一个服务业促进制造业,制造业带动服务业发展的良性循环。

(3) 我国服务的间接出口结构有所提升,传统的劳动密集的服务出口逐渐被资本、技术密集型的服务所取代,这在一定程度上反映出我国制造业出口商品结构的优化。

(4) 服务开放度水平的提高对我国制造业整体的出口具有积极影响,但是对服务化程度最高的资本密集型制造业影响不显著,这很大程度上会限制其对我国制造业产业结构的优化作用。此外,不同服务部门的影响效应具有显著差异性,其中,科学研究及综合技术服务的进口很可能会抑制我国的出口贸易,因此,在服务业开放的进程中应当考虑到不同服务部门可能带来影响的差异性,从而避免服务的进口对本国产业以及外贸发展造成不利的影响。

第7章

进口和国产生产者服务
对中国制造业全要素
生产率的影响分析

引言

　　本书前几章的数据基础均为可比价的进口非竞争型投入产出表，从而剔除了进口服务可能产生的影响，本章对服务在来源以及类别上进行了细分，具体包括：国产生产者服务、进口生产者服务、国产其他服务、进口其他服务，从而能够考察国产和进口的服务对制造业全要素生产率影响的差别，避免了研究结论过于笼统的问题，其政策启示也更有实际应用价格。本章综合利用了企业层面、产业层面以及投入产出数据，在研究方法上，结合了投入产出与面板数据回归模型，可以说，不管是研究数据还是研究方法，本章无疑都为该领域的研究提供了一个可行的拓展方向。

　　生产者服务业作为一种知识、技术密集型的高级投入要素，可以作为直接投入降低制造业的直接生产成本，也可以作为间接投入，起到链接各个生产和交易环节的"纽带"和"润滑剂"作用，降低制造业的交易成本。制造业通过增加生产者服务投入软化生产过程，也可以将原本由制造业内部的生产者服务活动外部化，通过服务外包以实现提高核心竞争力的战略目标。可以说，生产者服务业对制造业的积极影响已经在理论上得到了广泛证实。与此同时，生产者服务贸易也势必会对制造业产生积极影响。这是由于通过开展生产者服务贸易，制造企业可以获得从本土服务企业无法获得的相应服务，从而满足企业自身多样化的服务需求。另外，生产者服务贸易的开展也会通过竞争机制促进本土服务企业服务提供效率的提高。从而使制造业可以以更低的价格，获得种类更繁多、更专业化和更高质量的生产者服务，尤其是对于中国这样的发展中国家而言更是如此。服务获取方式的多样化和便利化也将有助于改变工业企业将所需要的服务内部化的倾向，形成对生产者服务的有效需求市场，促进生产者服务业发展的同时也促进了制造业内部的分工深化和专业化水平的提高，制造业的生产效率也会得到提高。

那么，对于中国而言，生产者服务又会对中国制造业产生怎样的影响效应？国产和进口的生产者服务对中国制造业的影响效应又是否存在差异？本章将利用中国工业企业数据库，结合投入产出分析和面板数据回归模型，考察生产者服务业对中国制造业全要素生产率的影响。

7.2

模型的构建

7.2.1　变量的选取

1. TFP_{it}——全要素生产率

我们利用中国工业企业数据库的数据，基于索洛剩余法计算全要素生产率，假设生产函数为三要素的 C – D 生产函数，即：

$$Y_{it} = A_{it} K_{it}^{\alpha_k} L_{it}^{\alpha_l} M_{it}^{\alpha_m}$$

其中，Y_{it}、A_{it}、K_{it}、L_{it} 和 M_{it} 分别为 i 企业第 t 年的总产值、技术水平、固定资本、劳动和中间投入；α_k、α_l 和 α_m 分别为资本、劳动、中间投入的产出弹性。对两边求对数可得：

$$\ln Y_{it} = \ln A_{it} + \alpha_k \ln K_{it} + \alpha_l \ln L_{it} + \alpha_m \ln M_{it}$$

由于工业企业数据库没有 2004 年的企业增加值数据，因此，本节借鉴李小平和朱钟棣（2005）的做法，利用企业 i 在 t 时期的工业总产值作为衡量产出的标准，以 2002 年为基期，根据"该企业所在行业工业品出厂价格指数"将工业总产值折算为 2002 年不变价格。另外，本节利用企业 i 在 t 时期的年末人员数代表劳动投入。最后，参照郑京海和胡鞍钢（2005）对资本投入的定义，本节选取固定资产净值年平均余额作为资本投入的数量指标。相应企业层面的数据来自中国工业企业统计数据库。之后，按照固定资产投资价格指数对固定资产净值进行平减。计算资本投入最关键的问题就是确定固定资产投资价格指数。根据国家统计局固定资产投资统计司（1987）的规定，固定资产价格指数分为建筑安装工程价格指数、设备价格指数和其他费用价格指数。借鉴李小平和朱钟棣（2005）的方法，本节的行业固定资产投资价格指数表达式如下：

$$P_{it} = \omega_{1t} P_{1t} + \omega_{2t} P_{2t} + \omega_{3t} P_{3t}$$

其中，P_{it}、P_{1t}、P_{2t} 和 P_{3t} 分别表示 t 时期行业 i 的固定资产投资价格指数、建筑安装工程价格指数、设备投资价格指数和其他费用价格指数。对于企业的中间投入 M_{it}，用企业所属产业部门的中间投入价格指数进行平减，按照李小平和朱钟棣（2005）的方法，本节利用投入产出表提供的直接消耗系数和各产业部门的出厂价格指数采用如下公式推算得到中间投入价格指数：

$$P_{m,j(t)} = \sum_{i=1}^{n} P_{i(t)} \cdot a_{ij}$$

因为单个企业的时间序列数据只有 6 年（2002～2007 年），无法对单个企业进行分别回归，所以基于李小平和朱钟棣（2005）基于产业层面数据所使用的方法，笔者将制造业企业按照所属产业部门划分为 14 个制造业部门，并利用 14 个制造业部门企业层面的面板数据分别进行普通最小二乘法回归，可以计算出资本、劳动和中间投入的产出弹性 α_k、α_l 和 α_m。正规化得到：

$$\alpha_k^* = \frac{\alpha_k}{\alpha_k + \alpha_l + \alpha_m}; \quad \alpha_l^* = \frac{\alpha_l}{\alpha_k + \alpha_l + \alpha_m}; \quad \alpha_m^* = \frac{\alpha_m}{\alpha_k + \alpha_l + \alpha_m}$$

全要素生产率的计算公式为：

$$TFP_{it} = \ln Y_{it} - \alpha_k^* \ln K_{it} - \alpha_l^* \ln L_{it} - \alpha_m^* \ln M_{it}$$

2. service_linkage——生产者服务业联系指数

首先，需要构建一个自由化指数以反映服务部门的开放度水平和竞争程度，服务部门 k 在 t 时期的自由化指数表示为 liberalization_index$_{kt}$，基于数据的可获得性，笔者通过计算出非国有单位就业人数占总就业人数的比重来代表自由化指数。

接下来，需要构建一个指标以便从要素服务的角度来反映服务业一体化水平对制造业的影响，该指标称为"联系指数"。由于无法获得企业层面的要素服务使用数据，本节在阿诺德等（Arnold et. al，2006）方法的基础上，借助 I－O 表中的相关系数来评估制造业部门与服务部门间的相互依赖程度，并在其基础上对相应指标加以改进和拓展，从而反映了一体化背景下，国产和进口生产者服务所发挥的不同作用。阿诺德等（2006）构建的指标如下：

$$\text{services\_linkage}_{jt} = \sum\nolimits_{k} a_{kjt} \cdot \text{liberalization\_index}_{kt}$$

a$_{kj}$表示制造业部门 j 所使用的服务部门 k 的投入品在其总投入中所占的比重，liberalization_index$_{kt}$如上所述表示服务部门自由化程度的衡量指标。换句话说，该指标的构建方法就是将投入产出系数与服务部门自由化指标相乘。

阿诺德等（2006）中的指标使用的投入产出系数是基于竞争型投入产出表得出的，没有将进口投入要素和国产投入要素进行区分，而实际上每一个制造业部门所使用的国产和进口服务比例是有很大差别的，尤其是对于我国而言，进口服务在制造业生产过程中所占的比例相对小很多，因此有必要将要素服务按照来源加以区分后，构造相应指标以进一步衡量自由化背景下国产和进口要素服务对制造业影响的差异性。为此，笔者将 a$_{kj}$拆分为 a$_{kj}^{D}$和 a$_{kj}^{M}$，分离出制造业部门 j 所使用的服务部门 k 的国产、进口投入品在其总投入中所占的比重。

经过拓展后的指标如下：

$$\text{services\_linkage}_{kt}^{M} = \sum\nolimits_{j} a_{kjt}^{M} \cdot \text{liberalization\_index}_{kt}$$

$$\text{services\_linkage}_{kt}^{D} = \sum\nolimits_{j} a_{kjt}^{D} \cdot \text{liberalization\_index}_{kt}$$

3. manu_linkage——上游制造业联系指数

制造企业的全要素生产率也会受到其上游制造业部门开放度水平的影

响,因为这会带来上游投入品的数量和种类的变化。上游制造业联系指数的构造方法与服务业联系指数的构造方法相同,在此就不再赘述。

4. imfiltrate——上游制造业的关税保护水平

本节参照汪建新和黄鹏(2011)的方法,采用进口渗透率指标来衡量进口关税变动的方法,即用行业的进口数值除以该行业的总产出所计算出来的进口渗透率来衡量中国进口关税水平的削减程度。这是由于高进口渗透率意味着贸易高度自由化,也即意味着更低的进口关税(Levinsohn,1993;Harrison,1994)。与联系指数的构造方法相同,该指标也用投入产出系数进行加权。

7.2.2 基本模型构建

$$\text{TFP}_{it} = \alpha + \beta_1 \cdot \text{service\_linkage}_{jkt-1}^{\mu M} + \beta_2 \cdot \text{service\_linkage}_{jkt-1}^{\mu D} + \gamma \cdot X_{jt-1} + \eta_{it}$$

建立在阿诺德等(2006)中的模型基础上,上式为本章计量回归模型的基本表达式,TFP_{it}表示 i 企业在 t 时期的全要素生产率,在这里采用企业而非产业层面数据的好处是可以分离出生产者服务对本土制造业的影响,而这才是政策制定者最为关注的问题,为此如下所示,在数据处理过程中剔除了港澳台商独资经营企业、港澳台商投资股份有限公司、外资企业和外商投资股份有限公司;$\text{service\_linkage}_{jkt-1}^{\mu M}$表示进口生产者服务的联系指数,$\text{service\_linkage}_{jkt-1}^{\mu D}$表示国产生产者服务的联系指数,其中 $\mu = \text{PS}$,OS,PS 和 OS 分别表示生产者服务和其他服务;X_{jt-1}表示其他影响制造业全要素生产率的变量,在此具体包括上游制造业联系指数,构造方法与服务业联系指数相同,还包括用投入产出系数加权后的进口渗透率指标,用以反映上游制造业部门的关税保护水平。由于生产者服务自由化和其他方面的经济一体化需要时间才会产生影响效应,因此模型中相关变量均滞后一期。

根据上述基本模型,表 7 - 1 对本节中具体计量回归模型中的变量进行了简要说明。

表 7 −1		计量回归模型相关变量说明
因变量	TFP	制造企业的全要素生产率
自变量	PSADserlin	国产生产者服务联系指数，反映了开放经济条件下制造业生产过程中使用的国产生产者服务的影响
	PSAMserlin	进口生产者服务联系指数，反映了开放经济条件下制造业生产过程中使用的进口生产者服务的影响
	OSADserlin	国产其他服务联系指数，反映了开放经济条件下制造业生产过程中使用的国产其他服务的影响
	OSAMserlin	进口其他服务联系指数，反映了开放经济条件下制造业生产过程中使用的进口其他服务的影响
	Manulin	制造业联系指数，反映了开放经济条件下制造业生产过程中使用的上游制造业投入品的影响
	Imfiltrate	进口渗透率，反映了上游制造业进口关税的削减程度和贸易开放度水平

7.3

数据来源及处理

7.3.1　投入产出数据

根据研究需要，笔者将中国官方公布的 2002 年、2005 年及 2007 年投入产出表合并为 38 部门投入产出表，包括 1 个农业部门，4 个采选业部门，16 个制造业部门，15 个服务业部门，以及电力热力生产和供应业、建筑业两个部门。在此基础上，本节最终选取 14 个制造业部门（剔除了其他制造业和废品废料两个部门）和 15 个服务部门作为研究对象。这 14 个制造业部门包括：4 个劳动密集型制造业部门，即食品制造业、纺织业、木材加工及家具制造业、造纸印刷及文教体育用品制造业；5 个资本密集型制造业部门，即石油加工炼焦及核燃料加工业、非金属矿物制品业、金属冶炼及压延加工业、金属制品业、通用专用设备制造业；5 个技术密集型制造业部门，即化学工业、交通运输设备制造业、电气机械及器材制造业、通信设备计算机及其他电子设备制造业、仪器仪表及文化办公用机械制造业。根据服务部门的性质，将 15 个服务部门进一步归并为生产者服务部门和其他部门，其中，生产者服务部门包括：信息传输业、租赁和商务服务业、金融业、交通运输仓储邮政业、科学研究事业、综合技术服务业这 6 个部门；其他服务部门则包括：批发零售业、住宿餐饮业、房地产业、居民及其他服务业、水利环境设施管理业、卫生社会保障福利业、教育业、文化体育娱乐业、公共管理业这 9 个部门。

在计量回归中，由于本节需要 2002～2007 年连续的投入产出表数据，而国家统计局仅公布了 2002 年、2005 年和 2007 年投入产出表，因此对于 2003 年、2004 年和 2006 年投入产出表及其相应系数则需要自行推算。由于投入产出系数反映的是技术水平，短期内一国技术水平不会出现明显的变动，因此，本节使用相邻年份的投入产出系数代替缺省年份投入产出表的相应数值，即分别以 2002 年、2005 年和 2007 年的投入产出系数矩阵作为 2003 年、2004 年和 2006 年的投入产出系数矩阵。

7.3.2 中国工业企业数据

对于中国工业企业数据库，首先，由于研究期间有些企业可能倒闭退出，而又有一些新企业可能开业经营，因此，笔者根据可以唯一确定企业身份的企业代码，对 2002～2007 年的企业数据进行筛选，筛选出在 2002～2007 年间持续经营的企业。其次，基于数据的可获得性，本节选取了 14 个制造业部门作为研究对象，按照国民经济行业分类（GB/T 4754 – 2002）的两位数行业代码，进一步剔除不属于这 14 个制造业部门，以及数据或企业代码重复的无效企业数据。另外，由于本节主要考察对国内企业的影响，因此剔除港澳台商独资经营企业、港澳台商投资股份有限公司、外资企业和外商投资股份有限公司，根据企业登记注册类型代码表，这四类企业的代码分别为 230、240、330 和 340。

7.3.3 其他数据

计算制造企业全要素生产率所需的企业层面数据来自于中国工业企业数据库。制造业整体的固定资产投资价格指数、建筑安装工程价格指数、设备投资价格指数和其他费用价格指数来自于《中国统计年鉴》。此外，《中国统计年鉴》只有 2004～2007 年的按行业划分的各类固定资产投资权重指标，因此本文按照钱学锋等（2011）中的方法，以 2004～2007 年的平均值代替 2002 年和 2003 年的权重指标。另外，对制造企业中间投入品剔除价格因素时所需要的相应部门的工业品出厂价格指数来自于《中国工业经济统计年鉴》。构造制造业联系指数及进口渗透率指标所需的制造业产值、外资占比等数据来自于《中国统计年鉴》和《中国工业经济统计年鉴》，另外，本节按照沈利生和唐志（2008）的方法，将 2002～2007 年海关统计进口数据转换为与投入产出表部门相对应的进口数据。

构建服务业联系指数所需的服务业相关数据来自于相应年份的《中国统计年鉴》和《中国第三产业统计年鉴》，缺省的 2004 年数据则来自于 2004 年《中国经济普查年鉴》。其中，信息传输、计算机服务和软件业缺乏 2001 及 2002 年按注册类型分的就业数据，笔者采用 2003～2004 年的就业增长率逆推计算得到，观察 2003 年之后的数据发现，该部门就业按照相对稳定的速率逐年递增，因此该处理方法具有一定的合理性。

7.4

实证结果分析

从制造业整体来看，如表 7-2 第二列所示，进口的服务，不管是生产者服务还是其他服务（PSAMserlin，OSAMserlin）对制造业全要素生产率（TFP）的影响效应均显著为正，与之相反，国产的生产者服务（PSADserlin）以及其他服务（OSADserlin）则倾向于对制造业 TFP 产生负面影响，但结果并不显著。此外，反映了上游制造业对下游制造业影响的制造业联系指数（Manulin）的影响效应也不显著。与预期相符，反映上游制造业关税保护水平以及自由化水平的进口渗透率指标（Imfiltrate）对制造业 TFP 的影响显著为正，这是由于进口渗透率越高，上游制造业的开放度水平越高，下游制造业就可能以更低的生产成本获取价格更低或者种类更繁多的中间产品，从而带来制造业 TFP 的提高。

表 7 - 2   不同来源的生产者服务对制造业全要素生产率的影响效应

因变量：TFP	制造业整体	劳动密集型	资本密集型	技术密集型
PSADserlin	- 0.3889 （- 1.41）	- 17.0759 *** （- 5.80）	1.1937 *** （3.18）	- 8.0471 *** （- 10.9）
PSAMserlin	29.0862 *** （9.18）	137.5121 *** （5.74）	26.0836 *** （4.00）	- 74.5424 *** （- 3.78）
OSADserlin	- 0.2048 （- 0.89）	- 6.5620 *** （- 5.29）	2.2018 *** （4.09）	- 9.3540 *** （- 7.95）
OSAMserlin	20.3197 *** 3.63	83.6891 *** （5.86）	73.5679 *** （7.90）	228.8018 *** （6.33）
Manulin	- 0.0459 （- 0.69）	1.7717 *** （6.24）	- 0.8308 * （- 1.88）	- 0.8051 *** （- 4.22）
Imfiltrate	0.3769 *** （6.61）	2.1596 *** （10.90）	0.3382 （2.75）	- 2.1127 （- 1.24）
R^2	0.0149	0.0623	0.0155	0.0042
N	369336	126012	122322	121002

注：括号内为 t 值；*、** 和 *** 分别表示在 10% 、5% 和 1% 的水平下显著。

从不同类型的制造业来看，如表 7 - 2 第三、四、五列所示，进口的生产者服务能够促进劳动和资本密集型制造业 TFP 的提高，然而，进口的生产者服务却会导致技术密集型制造业 TFP 的下降。进口的其他服务会促进各类型制造业 TFP 的提高。对于国产服务而言，可以发现，虽然其对制造业整体的影响均是不显著的，但是对不同类型制造业的影响却都是显著的，不管是生产者服务还是其他服务都会都会显著促进资本密集型制造业 TFP 的提高，却会导致劳动以及技术密集型制造业 TFP 的下降。制造业联系指数（Manulin）同样如此，制造业联系指数会促进劳动密集型制造业 TFP 的提高，却不利于资本以及技术密集型制造业 TFP 的提高。另外，虽然上游制造业的开放度水平（Imfiltrate）会促进制造业整体 TFP 的提高，但是从分类型回归的结果可以看出，上游制造业开放度水平提高主要会促进劳动密集型 TFP 的增长，对于资本以及技术密集型制造业 TFP 的影响却不显著。

综合以上结论可以看出，各影响因素对技术密集型制造业 TFP 基本上都体现出了不利的影响，制造业转型升级的一个重要方面就是内部结构的变动，由低附加值的劳动密集型制造业主导向高附加值的技术密集型制造业主导转型，而本模型揭示了除了进口的其他服务以外，进口和国产生产者服务，国产其他服务均不利于我国技术密集型制造业 TFP 的提高，从而说明了理论上服务业尤其是生产者服务业对制造业竞争力的显著促进作用在我国的现实情况下并没有能得到验证。结合前文的研究结论，这很有可能是由于制造业生产过程中的生产者服务投入不足所致。

7.5

本章小结

本章利用中国工业企业数据库，结合投入产出分析和面板数据回归模型，考察了国产生产者服务、进口生产者服务、国产其他服务和进口其他服务对制造业全要素生产率的影响效应。通过分析，得出以下主要结论：

（1）对于制造业整体而言，国产服务的影响并不显著。但是从制造业类型看，国产生产者服务和国产其他服务均会促进资本密集型制造业全要素生产率的提高，却会导致劳动以及技术密集型制造业全要素生产率的下降。

（2）不管是进口生产者服务还是其他服务均会促进制造业整体全要素生产率的提高。但是值得注意的是，从制造业类型来看，进口生产者服务在促进劳动以及资本密集型制造业全要素生产率提高的同时，对技术密集型制造业全要素生产率却具有显著的负面影响，这说明进口生产者服务更多的是服务于劳动和资本密集型制造业，对技术密集型制造业产生了挤出效应，因此，外国生产者服务的引进可能并不利于中国制造业内部结构的调整，刘辉煌和任会利（2010）的研究结果表明生产者服务进口并没有通过促进中国制造业产业结构的调整和升级来带动制造业整体竞争力的提高，本章的研究结论则与此不谋而合。

综合这四类服务的影响效应，会发现除了进口的其他服务以外，其他的三类服务均会导致技术密集型制造业全要素生产率的下降，从制造业产业结构调整的角度看，这显然不利于制造业的转型升级和实现向产业链高端攀升的最终目标。因此，在政策层面可以更加有倾向性和选择性，比如更多地进口其他服务，以实现在促进制造业整体全要素生产率提高的同时，还能兼顾制造业产业结构调整的目标。另外，进口生产者服务能否与国内制造业相匹配发挥优化制造业产业结构和促进制造业竞争力提高的有效作用还会受到制度、开放度水平、技术进步、基础设施建设等多方面因素的影响和制约，因此各个职能部门应当多策并举，形成合力，以最大限度地吸收进口生产者服务正面的溢出效应。

第 8 章

进口和国产生产者服务对中国制造业出口贸易竞争力的影响分析

8. 1
引言

在第7章的模型以及数据基础之上，本章进一步考察了国产和进口的生产者服务对制造业出口贸易竞争力的影响效应。本章首先根据马祖达（Mazumdar，2005）所建立的理论模型及分析思路，提出相应的命题。其次基于弗兰克伊斯（2012）的研究方法，定量地测算出我国进口服务有多少被用于生产过程中，又有多少被用于最终消费，有多少被用于制造业部门，又有多少被用于非制造业部门，从而将我国制造业生产过程中所使用用的生产者服务区分为国产和进口两个部分。在此基础上，进一步在投入产出框架下构建生产者服务联系指数，并将其作为解释变量纳入到面板数据回归模型中，考察进口、国产的生产者服务对制造业出口贸易竞争力的影响效应。

随着信息技术的发展，服务可贸易性得到了显著提高，服务贸易尤其是生产者服务贸易对国内乃至国际贸易的影响效应随即受到了学术界的广泛关注。综合已有的研究，服务进口主要通过以下渠道促进出口贸易的发展：（1）产出效应，这一效应来自于要素服务贸易与货物贸易具有互补性（Markusen，1988），即：当进口服务作为生产要素时，服务的进口将会促进产出增长及相应的出口贸易水平的提高；（2）成本效应，包括生产成本和交易成本效应，在既定的产出水平下，服务还会降低运输、信息成本，从而提高既定产出水平下的出口（Deardorff，2001）；（3）服务会促进专业化以及生产活动的分割，从而促进国际服务外包活动，使不同的生产流程分布于多个国家，进而带动出口贸易的发展（Jones and Kierskowski，1990）；（4）服务贸易自由化促使一国可以获得更多种类的服务，从而具有服务多样化的福利效应。

服务贸易自由化通常被认为有益于贸易国，这主要是由于其能够为生产过程提供重要的中间产品，尤其是对于一些相对不发达的国家而言，服务的进口恰好能够弥补本国所没有的相应技术服务等（Markusen et al.，2000），例如，波斯湾沿岸国家拥有丰富的石油资源，但是石油的开采可能需要本国所没有的专业技术才能够实现。马祖达（2005）利用29个国家（包括17个高收入国家和12个低收入国家两组），1992～2000年间的数据进行分析，得出了要素服务进口在整体上会促进发展中国家出口贸易的结论，而对于高收入的发达国家却并非如此。马祖达认为这是由于发展中国家的服务业发展相对落后，其生产过程中更倾向于依赖进口的要素服务，因此在服务业发展落后的发展中国家，进口要素服务的影响效应可能更为显著。对此，霍克曼和布拉加（Hoekman and Braga，1997）提出发展中国家应当进口服务，以改善本国的国际竞争力并促进出口贸易的发展。在此基础上，马祖达（2005）进一步指出只有在满足一定条件的情况下，服务进口才能够促进出口贸易的发展。

8.2

理论模型

假设一个经济体中有两个部门 X 和 Y，三种生产要素，分别为劳动、资本和进口生产者服务。X 部门生产可贸易的差异化产品，Y 部门则生产不可贸易的同质化产品。

X 部门的一个代表性企业的生产函数为：

$$x = F(l, k, m) - x' \qquad (8.1)$$

其中，x' 表示某一固定数量的产出，代表固定成本，l，k，m 分别表示投入的劳动、资本以及进口服务的数量，F为C－D生产函数。那么成本函数为：

$$C(w, p, x) = (wl_x + rk_x + pm_x)(x + x') \qquad (8.2)$$

其中，l_x，k_x和m_x分别表示产出对劳动、资本以及进口服务的单位要素需求。w，r和p分别表示工资、租金和进口服务的价格，边际成本恒等于$wl_x + rk_x + pm_x$。

垄断竞争企业的利润最大化条件为：

$$q\left(1 - \frac{1}{\varepsilon}\right) = wl_x + rk_x + pm_x \qquad (8.3)$$

其中，q为最终产品的价格，ε为需求的价格弹性，因此垄断竞争条件下价格是边际成本的一个利润加成。

零利润条件下价格等于平均成本，即：

$$q = (wl_x + rk_x + pm_x)\left(1 + \frac{x}{x'}\right) \qquad (8.4)$$

结合式（8.3）和式（8.4），得到：

$$\frac{\varepsilon}{\varepsilon - 1} = 1 + \frac{x}{x'} \qquad (8.5)$$

下面考虑需求层面。假设为D－S偏好，那么$U = \left(\sum x_i^{\delta}\right)^{\frac{1}{\delta}}$，$x_i$表示消费的第i种产品，那么不同种类产品之间的替代弹性为$\frac{1}{1 - \delta}$。若假设产品种类很多，那么需求弹性就为常数$\frac{1}{1 - \delta}$，因此每个企业的产出取决于方程（8.5），且每一类产品的产出量是相同的。

在D－S偏好下，对于某一种类产品的需求为：

$$x = E\left(\frac{q^{\frac{-1}{(1-\delta)}}}{\sum q^{\frac{-\delta}{1-\delta}}}\right) \qquad (8.6)$$

其中，E为总支出，不管是本国还是外国，对于每一种类产品x是相同的，价格q也是相同的。

令X部门生产的产品种类数为n，那么X部门的总产量可以表示为$n(x + x')$。由于x和x'是固定的，那么X部门的总产量取决于n。

$$nl_x(x + x') = L_x \qquad (8.7)$$

其中，L_x 为 X 部门投入的总的劳动量。X 的产量取决于 L_x 和单位劳动投入量。

由于 X 部门和 Y 部门的生产函数是 C – D 形式，那么将会有一个 $\left[\left(\dfrac{1}{\mu}\right)-1\right]$ 的价格加成，劳动、资本以及进口服务的要素报酬便可以表示为：

$$wl_i = \theta_{li}q_i\mu_i,$$
$$rk_i = \theta_{ki}q_i\mu_i$$
$$pm_i = \theta_{mi}q_i\mu_i \tag{8.8}$$

其中，$i = x, y$，θ 表示不变的要素份额，由于 X 部门是垄断竞争的，其加成为正，因此 $\mu_x < 1$；而 Y 部门是完全竞争的，其加成为 0，因此 $\mu_y = 1$。

假设消费者偏好是位似的，收入中 β 的份额被用于 Y 产品，$(1-\beta)$ 的份额被用于 X 产品，那么对于 X 产品和 Y 产品的国民收入与支出恒等式可以表示为：

$$q_xC = (1-\beta)(wL+rK)$$
$$q_yY = \beta(wL+rK) \tag{8.9}$$

由贸易的平衡条件，可得：

$$pM = q_x(\mu_xX - C) \tag{8.10}$$

其中，M 是一国总的生产者服务进口量。式（8.8）和式（8.10），以及 $M = m_xX + m_yY$，即进口的生产者服务被完全用于 X 和 Y 部门产品的生产。由此可得：

$$q_xC = q_xX\mu_x(1-\theta_{mx}) - \theta_{my}q_yY \tag{8.11}$$

由式（8.9）和式（8.11）可得：

$$\frac{q_xX}{q_yY} = \frac{\left(\dfrac{1-\beta}{\beta}\right)+\theta_{my}}{\mu(1-\theta_{mx})} \tag{8.12}$$

令式（8.12）右边为 R，那么由式（8.12）和式（8.8）可得：

$$\frac{L_x}{L_y} = R\left(\frac{\mu_x\theta_{lx}}{\theta_{ly}}\right)$$
$$\frac{K_x}{K_y} = R\left(\frac{\mu_x\theta_{kx}}{\theta_{ky}}\right) \tag{8.13}$$

由上式可以看出，若 $\dfrac{\theta_{kx}}{\theta_{ky}} = \dfrac{\theta_{lx}}{\theta_{ly}}$，那么 $\dfrac{L_x}{K_x}$ 就是取决于 $\dfrac{L}{K}$ 的常数，那么要素价

格比 $\dfrac{w}{r}$ 将为常数。此外，要素价格和产品价格的增长率可以表示为以下函

数关系：

$$\theta_{li} w^* + \theta_{ki} r^* + \theta_{mi} p^* = q_i^* \tag{8.14}$$

其中，* 表示增长率，且 i = x，y。由于 $w^* = r^*$，若假设可贸易部门 X 的
产品价格不变，那么由上式可以得到：

$$w^* = r^* = -p^* \frac{\theta_{mx}}{1 - \theta_{mx}} \tag{8.15}$$

$$q_y^* = p^* \frac{\theta_{my} - \theta_{mx}}{1 - \theta_{mx}} \tag{8.16}$$

结合式（8.12）、式（8.13）和式（8.16），可以得到：

$$L_x^* = -\sigma Q p^* \frac{\theta_{my} - \theta_{mx}}{1 - \theta_{mx}} \tag{8.17}$$

其中，σ 为 β 关于 q_y 的弹性且 $\sigma < 0$，$Q = \dfrac{\theta_{ly}}{(\theta_{ly} + R\theta_{lx}\mu)(1 - \beta + \beta\theta_{my})}$。

假设出口到 j 国的 X 部门的产品为 X^e，由于产品 X 在各国的价格是相
同的，

因此可以得到：

$$X^e = \frac{nE_j}{n^w q_x} \tag{8.18}$$

上式中，E_j 表示国家 j 在 X 部门的总支出，n 为该国生产的 X 产品的种
类，n^w 为世界上 X 部门产品的总的种类。

若假设 n^w 相对于 n 非常大以至于 n 的变动只会带来 n^w 极小的变动，
因此可以得到 $X^{e*} = n^*$。由于 $L_x = n(x + x') l_x$，并且 x 和 x′是常数，因此
$n^* = L_x^* - l_x^*$。同时，由式（8.8）可以得到 $l_x^* = -w^*$。结合式（8.15）
可得：

$$n^* = X^{e*} = -\sigma Q p^* \frac{\theta_{my} - \theta_{mx}}{1 - \theta_{mx}} - p^* \frac{\theta_{mx}}{1 - \theta_{mx}} \tag{8.19}$$

式（8.19）的第二项表明进口生产者服务价格的下降将会促进出口，

该效应的大小与 X 部门进口生产者服务的要素份额成正比。而这也是通常所说的服务贸易自由化带来的好处。式（8.19）的第一项则表明若非贸易部门 Y 使用更多的进口生产者服务，则伴随着服务贸易自由化，进口服务价格下降，贸易部门 X 的出口不仅不会增长反而会下降。由此我们可以得出如下命题：

命题 1：相对于非贸易部门，若进口生产者服务被更多的用于贸易部门，那么进口生产者服务对出口贸易的影响效应将是显著为正的。

命题 2：相对于贸易部门，若进口生产者服务被更多的用于非贸易部门，那么进口生产者服务对出口贸易的影响效应不确定；若非贸易部门使用的进口生产者服务显著多于贸易部门，那么进口生产者服务对出口贸易的影响可能为负。

本章将围绕以下问题展开分析：对于中国而言，进口服务有多少用于生产过程中，又有多少用于最终消费？进口服务若被更多或更少的用于贸易部门，那么是否会如已有理论所述促进或阻碍出口贸易的发展呢？哪一类服务的影响效应会更为显著呢？

8.3

计量回归模型

本章中的计量回归模型是建立在第 7 章中构建的计量回归模型和数据基础之上，这里剔除了非贸易企业的数据。我们的研究对象变为制造业的出口贸易竞争力，基本回归模型为：

$$EXP_{it} = \alpha + \beta_1 \cdot service\_linkage_{jkt-1}^{\mu M} + \beta_2 \cdot service\_linkage_{jkt-1}^{\mu D} + \gamma \cdot X_{jt-1} + \eta_{it}$$

由于与第 7 章中的模型以及数据基础相同，在此就不赘述。仅对不同的部分进行说明。对于因变量出口贸易竞争力 EXP，国内大部分文献都是以某一国家、产业或者商品的出口竞争力为研究对象，在竞争力的度量上多采用显示性竞争优势指数（revealed comparative advantage，RCA）、贸易竞争力指数（trade competitive index，简称 TC 指数，又称净出口指数）等。然而本章因变量是基于企业层面的数据进行分析，因此通常的度量方法在本书的适用性上还有待检验，朱英杰（2012）中利用出口率这一指标来衡量制造企业的出口竞争力，由于研究样本同为企业层面，因此，本章参照朱英杰的做法，用出口率这一指标衡量制造企业的出口竞争力，出口率是指出口交货值与产值的比率。

此外，笔者还在该模型中加入了汇率变量，考虑到汇率调整影响的时效性，具体用 IMF 的 IFS 数据库的实际有效汇率滞后一期来考察汇率的影响效应，符号为 LagEXCH。

8.4

实证结果分析

8.4.1　进口服务的使用状况分析

通过计算得到进口的生产者服务和其他服务在制造业部门中间使用、非制造业部门中间使用以及最终使用这三个部分的分布情况，结果如表 8-1 和表 8-2 所示。

表 8-1　　　　　2002 年进口服务使用情况　　　　单位：万元

	服务进口额	中间使用				最终使用
		制造业			非制造业	
		劳密型	资密型	技密型		
生产者服务	13399242	1295887 (9.67%)	1187657 (8.86%)	1671004 (12.47%)	6962104 (51.96%)	2282590 (17.04%)
		4154548（31%）				
其他服务业	5612872	174181 (3.10%)	284543 (5.07%)	238592 (4.25%)	1321552 (23.55%)	3594004 (64.03%)
		697316（12.42%）				

注：括号内为各个部分进口服务的使用额在服务进口额中所占的比重。

表8-2 　　　　　　　　　　2007 年进口服务使用情况 　　　　　　　单位：万元

	服务进口额	中间使用				最终使用
		制造业			非制造业	
		劳密型	资密型	技密型		
生产者服务	44647401	3660312 （8.20%）	3889137 （8.71%）	7374726 （16.52%）	20481431 （45.87%）	9241795 （20.70%）
		14924175 （33.43%）				
其他服务业	11122413	338831 （3.05%）	500978 （4.50%）	455833 （4.10%）	4294471 （38.61%）	5532300 （49.74%）
		1295642 （11.65%）				

说明：括号内为各个部分进口服务的使用额在服务进口额中所占的比重。

　　从整体上看，进口的其他服务主要被用于最终使用而非中间使用。但是，从变化趋势看，被用作中间投入的其他服务在进口总额的占比由35.97% 上升至50.26% ，而这一上升主要源自于非制造业部门服务投入的增加。对于制造业而言，不管是从制造业整体还是分类型看，其对进口其他服务的中间使用均有所下降。需要说明的是，由于其他服务业的进口品并非主要用于中间使用，以2002 年为例，64.03% 的进口的其他服务均被用于最终使用部分，因此本文的理论模型并不适用于分析其他服务业进口的影响效应。

　　不同于进口的其他服务，对于进口生产者服务而言，2002～2007 年间，被用作中间产品的进口生产者服务占比下降，由82.96% 下降为79.3% 。从中间使用结构看，2002 年进口生产者服务中有51.96% 被用于非制造业部门的生产，2007 年这一指标则下降为45.87% ，与此同时制造业部门所使用的进口生产者服务占比则由2002 年的31% 上升至2007 年的33.43% ，这一上升趋势主要来源于技术密集型制造业进口生产者服务使用增加的拉动作用，与此同时，劳动和资本密集型制造业的服务投入量则有所下降。值得注意的是，虽然从整体上看2002～2007 年间制造业部门所使用的进口生产者服务比重有所上升，但是其占比依旧低于非制造业部门。

　　对于我国而言，可以合理地假设制造业部门为贸易部门，非制造业部门为非贸易部门，因此根据命题2 可以得出以下推论，即：

进口生产者服务对中国制造业出口贸易竞争力的影响效应可能为负或者不显著。

8.4.2　进口和国产生产者服务对制造业出口贸易竞争力的影响效应

加入汇率变量 lagEXCH 后，回归结果没有显著改善，且该变量的影响效应不显著，因此在这里以未加入汇率变量的回归结果表 8 – 3 进行分析（加入汇率变量的回归结果见附录 1）。

表 8 – 3　　不同来源的生产者服务对制造业出口竞争力的影响效应

因变量：EXP	制造业整体	劳动密集型	资本密集型	技术密集型
PSADserlin	– 0. 3890 (– 0. 94)	1. 6810 (0. 90)	0. 8896 (1. 33)	0. 1175 (0. 15)
PSAMserlin	– 8. 4176 ** (– 2. 00)	– 29. 5090 ** (– 2. 53)	12. 0446 * (1. 74)	– 28. 9970 *** (– 3. 38)
OSADserlin	1. 5242 *** (7. 59)	0. 4117 (1. 33)	1. 5209 *** (2. 73)	– 0. 2973 (– 0. 49)
OSAMserlin	34. 4132 *** (3. 91)	34. 6541 *** (3. 43)	4. 6683 (0. 59)	33. 0534 *** (4. 38)
Manulin	0. 3831 *** (6. 75)	– 0. 3611 (– 1. 38)	1. 1977 *** 4. 83	0. 3074 *** (4. 61)
Imfiltrate	0. 0041 (0. 06)	0. 2383 (0. 80)	0. 2222 (1. 35)	0. 0151 (0. 15)
R^2	0. 001	0. 0024	0. 0087	0. 0273
N	74178	33126	17988	23064

注：括号内为 t 值；* 、** 和 *** 分别表示在 10% 、5% 和 1% 的水平下显著。

从制造业整体来看，如表 8 – 3 第二列所示，进口的生产者服务对制造业出口竞争力具有显著的负面影响，该结论与理论模型得出的命题 2 不谋而合，即：进口生产者服务对制造业出口贸易竞争力的影响显著为负，根据前文的分析可知这是由于相对于其他部门，制造业作为贸易部门，其生产过程中所使用的进口生产者服务相对较少。

国产生产者服务对制造业整体的影响效应则不显著。对于其他服务，不管是国产部分还是进口部分均能够显著促进我国制造业出口竞争力的提高，尤其是其他服务中的进口部分。另外，制造业联系指数对制造业整体出口贸易竞争力的影响效应也显著为正。进口渗透率指标的影响效应则不显著，这说明上游制造业开放度水平的提高并不能显著提高我国制造业的出口竞争力水平。

分不同类型的制造业来看，国产生产者服务对各类型制造业出口贸易竞争力的影响效应都不显著，而进口生产者服务则会促进资本密集型制造业出口贸易竞争力的提高，而导致劳动和技术密集型制造业出口贸易竞争力的下降，同样国产其他服务也会促进资本密集型制造业出口贸易竞争力的提高，对劳动和技术密集型制造业的影响则不显著。进口其他服务对各类制造业的出口贸易竞争力基本上都会起到正向的促进作用。分类型看时，制造业联系指数对劳动密集型制造业的出口贸易竞争力具有显著负影响，而对资本以及技术密集型制造业则有显著的促进作用。进口渗透率指标对制造业整体以及各类型制造业的影响效应虽然均为正但是并不显著。

8.5

本章小结

本章与第7章的模型基础相同，均对服务在来源以及类别上进行了细分，具体包括：国产的生产者服务、进口的生产者服务、国产的其他服务、进口的其他服务。通过本章的研究结论可以发现，这四种不同来源、不同类别的服务对制造业整体以及各类型制造业出口贸易竞争力的影响效应均具有一定的差异性。因此，这种区分不管是在理论还是在实践上都是非常有必要的。

根据实证研究结果，我们发现国产生产者服务对制造业出口贸易竞争力的影响十分有限，同样如此，进口的生产者服务对制造业整体出口贸易竞争力的影响也不乐观，甚至不利于制造业出口贸易竞争力的提升。然而，作为一种高级投入要素，为什么进口的生产者服务不仅不能发挥其对制造业出口贸易竞争力的有效促进作用，反而会对中国制造业出口贸易竞争力产生不利影响呢？究其原因，根据马祖达（2005）模型得出的命题，我们发现这是由于相对于非贸易部门，制造业作为贸易部门，其生产过程中所使用的进口生产者服务水平还较低。事实上，不仅如此，通过计算我们发现制造业生产过程中所使用的生产者服务整体水平也显著偏低，远低于美国等发达国家的水平，这不仅限制了制造业自身的发展，作为生产者服务的需求方，需求不足也会导致服务业发展的滞后①。如表 8 - 4 和表 8 - 5 所示，从需求总量看，我国服务需求在制造业总投入的比重基本上都在 10% 左右（食品制造业除外），远低于美国平均 20% 的水平，从而表明我国制造业的服务化程度明显偏低。一方面，我国制造业价值增值能力低且仍然处于全球价值链底端，国际代工的发展模式进一步限制了制造业向产业链高端的攀升及对服务的需求，致使制造业发展陷入低水平循环的怪圈，始终难以完成产业结构优化和升级的华丽转身，服务业的发展也因制造业需求的不足而受到限制（赵勇亮和张捷，2011）；另一方面，我国服务业还存在突出的垄断、国有化性质，市场化程度相当不完善导致服务产品质量低、价格高，进一步限制了制造业对服务的外部需求。从服务需求的部门结构来看，两国制造业对现代商业的需求都较高。然而，相对于其他服务部门，我国制造业更多地依赖于传统的劳动密集型服务，如交通运输服务占制造业总投入的比重几乎都达到了 2% 以上，其中非金属矿物制品业这一比重将近达到 4%。而美国制造业虽然对交通运输服务的使用也较多，但是更偏重于对资本以及人力资本密集型服务的需求，如房地产业和社会服务业。此外，两国的制造业中服务化程度最高的部门均为食品制造业、电气机械及器材制造业和电子及通信设备制造业，我国相应的比重为 89.7%、9.11%、9.48%，美国为 26.6%、20.5%、27.3%。值得注意的是我国食品制造业的服务化程度尤其高，这主要是由于其对交通运输仓储业和现代商业的高度需求，仅这两个服务部门占比之和就高达 69.2%。

---

① 笔者利用中国以及美国 2007 年的投入产出表，通过计算得出中国制造业的生产者服务投入在制造业中间投入中的比重仅为 10%，远低于美国 20% 的平均水平。因此可以得出中国制造业对生产者服务的投入还显著不足。

表8-4　2007年中国制造业的生产者服务投入占比

单位：%

	制造业												
	食品制造	纺织及其制品	皮革羽绒及其制品	木材加工及家具制造业	造纸印刷	石油炼焦	化学工业	非金属矿物制品业	金属冶炼及压延业	金属制品	交通运输设备制造	电气机械及器材制造业	电子及通信设备制造业
交通运输及仓储业	26.4	1.84	1.58	2.05	2.21	2.45	2.45	3.94	2.09	2.01	1.66	1.98	1.27
邮电通信业	2.01	0.36	0.41	0.37	0.26	0.40	0.38	0.21	0.91	0.24	0.19	0.31	0.82
现代商业	42.8	2.78	2.69	2.86	3.25	2.18	3.25	3.23	2.00	3.24	4.23	4.55	3.93
金融保险业	9.38	1.28	0.85	1.22	1.25	0.71	1.31	2.30	1.26	0.74	0.65	0.93	2.15
房地产业	1.67	0.48	0.68	0.50	0.40	0.02	0.20	0.21	0.02	0.37	0.12	0.25	0.20
科研及综合技术服务业	3.24	0.22	0.32	0.22	0.36	0.20	0.56	0.32	0.37	0.40	1.07	0.63	0.86
社会服务业	1.77	0.20	0.30	0.20	0.36	0.16	0.29	0.36	0.29	0.18	0.15	0.10	0.07
文教卫生及娱乐业	2.23	0.21	0.34	0.24	0.28	0.09	0.22	0.40	0.19	0.40	0.36	0.35	0.17
公共管理及其他	0.13	0.01	0.01	0.01	0.01	0.01	0.01	0.01	0.01	0.01	0.01	0.01	0.01
合计	89.7	7.37	7.18	7.68	8.39	6.21	8.67	10.9	7.13	7.60	8.44	9.11	9.48

表 8 - 5　2007 年美国制造业的生产者服务投入占比

单位：%

	制造业													
	食品制造	纺织及其制品	皮革羽绒及其制品	木材加工及家具制造业	造纸印刷	石油炼焦	化学工业	非金属矿物制品业	金属冶炼及压延业	金属制品	交通运输设备制造	电气机械及器材制造业	电子及通信设备制造业
交通运输及仓储业	3.39	4.46	2.06	3.86	5.34	2.03	2.97	9.74	6.80	1.56	2.05	1.51	1.32
邮电通信业	1.06	0.58	0.41	0.65	0.76	0.25	0.61	0.60	0.30	1.06	0.82	1.91	2.13
现代商业	9.15	8.14	7.18	9.10	8.09	5.25	7.23	4.08	7.78	6.36	6.85	8.02	9.90
金融保险业	1.59	1.07	0.85	1.18	1.38	1.17	1.11	1.51	0.84	1.27	1.46	1.39	1.71
房地产业	4.50	2.66	2.28	3.31	2.86	1.97	4.07	2.79	1.58	2.98	3.72	3.31	5.27
科研及综合技术服务业	0.37	0.49	0.46	0.62	0.68	0.06	0.28	0.42	0.07	0.74	0.16	0.46	0.57
社会服务业	6.28	2.62	5.62	2.17	3.32	1.17	3.71	3.06	1.45	2.81	2.19	3.72	4.39
文教卫生及娱乐业	0.19	0.08	0.07	0.13	0.18	0.11	0.24	0.08	0.06	0.11	0.26	0.11	1.95
公共管理及其他	0.10	0.10	0.10	0.10	0.08	0.02	0.03	0.09	0.04	0.07	0.05	0.08	0.07
合计	26.6	20.2	19.0	21.1	22.7	12.0	20.2	22.3	18.9	16.9	17.5	20.5	27.3

　　由此可见，我国制造业的"软化"水平还远低于美国等发达国家，生产者服务需求的上升空间还很大。然而，借鉴美国的发展经验可以发现20世纪90年代美国服务业乃至经济的持续增长很大程度上取决于美国政府推行的产业结构调整和"服务优先"的政策，其显著特点就是产业结构的"软化"，这很大程度上反映为要素的服务化，即对信息、技术、知识等"软要素"的依赖程度加深。如美国政府早在1992年先行推出了高性能计算和通信计划（High Performance Computing & Communication Program Initiative，HPCC），目的是要完善开发和利用高性能计算机系统和超高速网络的环境，之后提出的信息基础设施和技术法案，使HPCC计划进一步迅速拓展至了学校、医院、商业机构等。因此，我国政府也应制定相应的产业扶持政策，通过引进高新技术尤其是信息技术、培育人力资本以及创造良好的知识创新和传播环境等措施，促进生产者服务需求以及产业结构的软化，从而实现对传统制造业和服务业的改造升级。

第 9 章

主要结论与研究展望

9.1

主要研究结论

本书在服务业尤其是生产者服务业与制造业互动关系愈发紧密的背景下，在追踪、梳理前人研究的基础上，在理论研究方面，构建制造业与生产者服务业互动机制的理论分析框架，在经验研究方面，试图突破已有研究大部分基于计量回归模型的局限性，在投入产出分析框架下，综合运用IO子系统模型、敏感度分析以及IO－SDA方法，定量考察服务业尤其是生产者服务业与制造业之间的产业关联性，评估生产者服务对制造业增加值及其出口贸易的影响效应，并且本书在经验研究方法上有所突破，将投入产出与计量回归模型相结合，综合应用投入产出数据、产业、贸易数据以及中国工业企业数据，考察国产和进口的生产者服务及其他服务对制造业全要素生产率以及出口贸易竞争力的影响。

第一，利用IO－SDA方法，考察了2002～2007年间促进制造业增加值增长或下降的主要因素，重点考察了服务业与制造业中间投入结构变动因素的影响，通过计算本书得到以下主要结论（第4章）：

（1）增加值率变动 $E(v)$、最终需求水平变动 $E(Y, y')$ 以及制造业部门内中间投入结构变动 $E(M, C)$ 是促进制造业增加值增长的主要因素，其中，增加值率 $E(v)$ 的贡献度仅次于最终需求水平的变动 $E(Y, y')$，因此除了最终需求水平的影响以外，研究期间内我国制造业的增长很大程度上是由于制造业生产效率的提高。

（2）制造业结构变动 E(Y，M)、第二第三产业内结构变动 E(Y，N) 以及三次产业间结构变动 E(Y，O) 这三个指标可以被用来综合反映经济发展方式的转变，本书发现 2002～2007 年间，这三个指标对不同类型制造业增加值的贡献度虽然都为正，却有明显的差异性，其对技术密集型和资本密集型制造业的贡献度显然高于劳动购买密集型制造业，这一结果在某种程度上说明我国经济增长方式的转变有利于制造业内部结构的调整。

（3）与服务业相关的四个因素，包括：服务部门内投入水平变动 E(S，H)、服务部门内中间投入结构 E(S，C)、服务与其他部门间中间投入结构变动 E(SN，C) 以及制造业与服务部门间中间投入结构变动 E(MS，C)，均对制造业增加值的增长具有不利影响，其中制造业与服务业中间投入结构变动因素 E(MS，C) 的负贡献度最高，E(MS，C) 这一因素主要反映的是服务业与制造业在生产过程中的相互需求关系。

通过进一步计算发现 2002～2007 年间，制造业生产过程中所使用的生产者服务比重出现了明显的下降，结合 E(MS，C) 具有显著的负贡献这一结论，在某种程度上这一发现与理论预期是相一致的，这是由于生产者服务作为制造业生产过程中的一种高级投入要素会促进制造业生产效率的提高和产出的增长，生产者服务投入比重越大其积极的产业互动效应越明显，然而，2002～2007 年间，我国制造业生产过程中所使用的生产者服务比重却下降了，被更多的物质投入所替代，以致这一结构的变动显然不利于制造业增加值的增长，表现为 E(MS，C) 具有显著的负效应。

综合以上两章的结论得出，中国制造业的生产者服务投入水平还比较低，生产者服务对制造业的产业拉动作用也还有待提高，从变化趋势上看，2002～2007 年间，制造业的生产者服务投入水平下降，与此同时，生产者服务对制造业的产业拉动作用也下降了。通过进一步分析，我们发现，这一中间投入结构的变动显然不利于制造业增加值的增长，对制造业增加值具有非常显著的负向影响效应。一方面这可能是由于目前我国服务业市场化程度还比较低，服务提供成本还较高，因此在市场化程度还不完善的情况下，大部分制造企业宁愿选择内部自我提供所需的服务，另一方面我国制造业还处于全球价值链低端，制造业自身对服务的需求程度也还比较低，从而限制了生产者服务发挥作用。因此，我国生产者服务业促进制造业发展的产业推进器作用还有待加强。

第二，基于产业关联的视角，通过 IO 子系统模型，分别从服务供给和服务需求两个方面，考察服务业与制造业各部门的总量供需关系，并通过敏感度分析识别出影响制造业发展的关键服务部门和相关的生产交易活动，通过分析得出的主要结论有（第 5 章）：

（1）从总量上看，批发零售贸易业、交通运输仓储和邮政业、租赁和商务服务业、信息传输计算机服务软件业是制造业产品的主要需求方，而这些部门同时也是制造业中间产品的主要供给方，是重要的生产者服务部门。另外，不管是作为制造业产品的需求方还是中间产品的供给方，服务业与技术密集型制造业的联系均最为紧密，

（2）从敏感度分析来看，当服务作为制造业产品的需求方时，不同类型服务部门对制造业产出的拉动作用也不同。公共服务部门对劳动密集型制造业的产出拉动效应较为明显，生产者服务性质较为显著的部门则对资本以及技术密集型制造业的拉动效应更为显著。

当服务作为供给方并且主要发挥生产者服务作用时，其对制造业的产出拉动效应则主要依赖于交通运输仓储和邮政业、租赁和商务服务业以及批发和零售贸易业这三个服务部门。

从变化趋势看，2002～2007 年间，服务业不管是作为需求方还是供给方，其对制造业的产出拉动效应均呈现出了整体下降的趋势，其中技术密集型制造业的下降趋势最为显著。

（3）服务业作为需求方时，主要是通过与某一制造业部门的直接交易活动对该部门的产出产生影响，即表现为"直接效应"占主导。而当服务业作为制造业中间产品的供给方时（即生产者服务业），则主要是通过与其他制造业部门的交易活动带动某一制造业部门产出的增长，此时"间接效应"占主导。而一般理论上所阐述的生产者服务促进制造业效率提升的"直接效应"表现十分微弱。这说明，目前我国服务业对制造业的积极影响还仅仅是体现为产业之间相互需求引致的拉动效应，理论意义上的生产者服务业促进制造业效率提升的有效机制还未实现。此外，在相关的理论和经验研究文献中也没有被涉及，大部分已有研究考察的都是生产者服务的"直接效应"，即生产者服务通过降低制造业的生产成本或交

易成本促进制造业效率的提升，然而，冯泰文（2009）的研究结论表明，在我国仅交易成本是生产者服务业促进制造业效率提升的中介变量，而交易成本降低也只能解释总效应的8%，因此冯泰文指出生产者服务业影响制造业的机理还有待进一步的探索，而本书的研究则为这一问题的解答提供了一个新的思路。

第三，第6章利用联系指数、直接消耗系数、完全需求系数及出口诱发系数，考察了我国经济整体的生产迂回度，进一步探讨了生产者服务在制造业生产中所扮演的角色，特别关注服务的间接出口。最后结合基本计量模型分析了生产者服务部门开放度与制造业出口之间的关系，结论表明：

首先，我国经济整体的生产迂回度显著提升。其次，制造业对服务的需求明显增加，资本、技术密集型制造业表现最为明显，另外，我国服务的间接出口结构有所优化，传统的劳动密集的服务出口逐渐被资本、技术密集型的服务所取代，最后，服务开放度水平的提高对我国制造业整体的出口具有积极影响，但是对服务化程度最高的资本密集型制造业影响不显著，这很大程度上会限制其对我国制造业产业结构的优化作用。此外，不同服务部门的影响效应具有显著差异性，因此，在服务业开放的进程中应当考虑到不同服务部门可能带来影响的差异性，从而避免服务的进口对本国产业以及外贸发展造成不利的影响。

第四，在第7章和第8章中，笔者结合投入产出和面板数据回归模型，考察了国产和进口的生产者服务对制造业全要素生产率和出口贸易竞争力的影响，回归结果得出的主要结论有：

（1）各类服务中，只有进口其他服务对制造业整体及各类制造业的全要素生产率以及出口贸易竞争力的影响总是为正并且基本上都是显著的。因此，从政策效果的层面上考虑，应当更多地鼓励其他服务的进口，以发挥进口服务促进我国制造业竞争力水平提高更为显著且有效的积极优势。

（2）对于国产服务而言，国产生产者服务对制造业整体以及各类制造业全要素生产率以及出口贸易竞争力的影响效应并不显著，但是其倾向于产生负面的影响。在此，与本书第4章和第5章的结论不谋而合，第4章和第5章利用进口非竞争型投入产出表从而剔除了进口因素的影响，主要考察的是国产生产者服务对制造业的影响。

（3）进口生产者服务虽然会促进我国制造业全要素生产率的提高。但是，却会导致制造业出口竞争力的下降，这是由于相对于制造业部门，进口生产者服务被更多的用于非制造业部门，从而使制造业部门的出口下降了。从制造业类型来看，进口生产者服务对劳动密集型制造业这两个指标的影响也是恰好相反的。然而，可以确定的是，不管是从全要素生产率的角度考虑还是从出口竞争力的角度考察，进口生产者服务一定会促进资本密集型制造业的发展，但是却会阻碍技术密集型制造业的发展。

综合以上结论可以看到，对服务业进行区分是非常有必要的，这是由于国产和进口的服务、生产者服务和其他服务对制造业整体以及各类制造业的影响效应具有很大的差异性（见附录 2），因此在制定相关产业以及贸易政策的时候应当充分考察这一差异性，从而避免政策间相互抵消或者产生反向作用，而无法达到预期的效果。

9.2

政策建议

在中国制造业与服务业发展双双遇到瓶颈的背景下，高度重视开放经济条件下制造业与服务业的产业融合发展趋势，促进制造业与服务业产业良性互动发展以及货物贸易与服务贸易互促发展显得尤为重要。根据本书的研究结论，本书将从产业政策、贸易政策两个方面构建相应的政策体系，以加快实现中国制造业产业结构的转型升级以及制造业与服务业的良性互动发展。

9.2.1　产业政策层面

1. 优化制造业内部结构

（1）采用高新技术改造传统制造业

传统制造业，尤其是劳动密集型制造业是我国参与国际竞争的比较优势所在，同时在我国经济中依旧占有很大比重。然而，传统制造业的特点在于附加价值低、技术含量低。对于中国这样的人口大国，传统的制造业依旧有必要并且需要进一步生产和发展的空间，其发展的依据就在于利用先进技术对其进行有针对性地改造和升级，只有对传统产业的产品深加工，才能拉长传统产业链，在更大程度上创造传统产业的有效需求，并且充分发挥传统产业的优势，为传统产业的继续发展重新注入活力，使其走上集约化的道路。为此，首先，我们要针对制造业中生产能力严重过剩的部分，压缩产能和过剩的生产力；其次，加大技术改造的力度，淘汰落后的生产设备，逐步实现核心技术的自主研发，从而实现产品结构的优化，生产成本的下降和传统制造业的改造优化。在今后相当长的时期里，我们都应当把传统产业的高新技术化作为重点。以保持我国经济持续健康发展的重要基础。

（2）积极发展战略性主导制造业

一个国家的经济发展水平、技术进步速度，乃至国际竞争力，在很大程度上取决于该国战略性主导产业的发展状况。合理确定战略性主导产业，选择那些具有动态发展比较优势、开发潜力大、能够带动和形成整个国家经济增长的产业作为主导产业，即发挥资源优势，又带动整个国家或地区经济的发展。在我国制造业结构调整升级的过程中，战略性主导产业主要包括交通运输设备制造业、电子及通信设备制造业以及电气机械及器材制造业等技术密集型制造业上，其构成反映了我国产业结构升级的要求。这些产业都具有较强的增长潜力、较好综合效益和产业带动功能。应当加快这些主导产业的发展，并加强其对工业结构调整升级的带动效应。加快培育和发展战略性主导产业，对于推进产业结构升级和经济发展方式转变具有重要意义。对于主导制造业的发展首先应当设立相应的专项资金，鼓励金融机构加大信贷支持力度拓宽产业融资渠道，带动社会资金投向处于创业早中期阶段的创新型企业，从而发挥多层次资本市场融资功能。同时还应扩大政府投资规模，综合税收等财政优惠政策。完善鼓励创新、引导投资和消费的税收支持政策。加快建立有利于主导产业发展的行业标准和重要产品技术标准体系。支持与新产品应用相配套的基础设施建设，为培育和拓展市场需求创造良好环境。

2. 大力发展服务业

相较于中国的经济发展水平以及人均收入水平的增长速度，中国服务业的发展仍然处于相对的滞后状态，服务业相较于经济不对称的增长，究其原因，有来自于需求层面的因素，也有供给层面的因素。从需求层面看，存在制造业乃至服务业自身在生产过程中对服务部门的有效需求不足，私人消费需求不足等问题；从供给层面看，诸多制度、环境等因素均有待于改善，如服务业对内、对外开放度水平低，诚信体系薄弱，知识产权缺乏有效保护等，致使中国服务业有效供给不足。针对这些问题，应当从需求和供给两个层面，双管齐下，促进服务业尤其是生产者服务业的发展。

（1）提高服务的有效需求

需求市场的规模和程度是决定一个产业发展的重要因素，对于服务业而言更是如此，尤其是对于生产者服务业而言。提高服务部门的有效需求，首先应当提高经济体其他产业或者部门对服务部门的中间投入需求，包括农业部门、制造业部门以及服务部门自身对服务投入的需求。其次，我国服务业发展滞后很大程度上还受制于最终需求尤其是私人消费需求的不足。因此在实施扩大内需的重要举措时也应当将推动私人服务需求作为重点之一。然而，私人服务需求的提高还有赖于诸多因素，比如工资水平的普遍提高、社会保障制度的完善以及中国居民长期储蓄、消费习惯的改变，等等。为此，完善社会保障制度，倡导新的消费理念，房价的合理调控，提高最低工资水平等众多举措都会直接或者间接地促进私人部门对服务需求水平的提高。

（2）完善生产者服务业发展的软环境

首先，应当提高生产者服务业市场化水平。对于我国而言，经济体内各个部门对服务的有效需求不足导致服务业的内部化现象严重，而造成这一现象的重要原因就是政策、体制不完善导致的垄断性太强、外部竞争不够充分有效（高传胜，2008）。市场结构基本处于垄断竞争或国家所有的格局还会带来资源流入不足、竞争机制弱化以及资源配置不合理等诸多问题，导致服务产品种类匮乏、质量差、价格高，最终也会反映为有效需求不足。因此，应当打破行业壁垒，提高服务业市场化水平，以市场化为导向，降低服务业进入壁垒引入有效竞争，实现服务业的外部化和市场化。推进生产者服务业的市场化改革是实现生产者服务资源配置优化和效率提升的必然要求，有助于促进制造企业从外部获取生产者服务。虽然在涉及国家经济公共安全的重要的生产者服务业领域，保持国有经济的支配性地位仍然是必要的，但是在除此之外的大多数垄断性生产者服务行业，应当引入市场竞争机制，放宽准入条件，建立公平、公开、公正的市场准入制度。比如，深化国有生产者服务企业的股份制改革和战略重组，同时鼓励和引导民营企业通过参股、控股、资产收购等形式，参与相关企业的改制和重组，允许民间资本平等进入到金融、通信服务业领域等。

其次，完善生产者服务业相关政策法规的制定和执行。正如市场经济主体的行为需要相应的政策法规予以规范和限制，经济主体的正当利益需要政策法规予以保护，服务业尤其是具有技术、知识密集性特征的生产者服务业服务业若想有序、健康发展则更加离不开完善的政策法规。与生产者服务相关的法律法规涉及广泛，内容纷繁复杂，而目前我国针对生产者服务业的相关法律法规还存在立法不足、多头监管等诸多问题，因此，应当进一步弥补法律体系的空白，建立不同层次、内容完备的服务业法律体系，通过立法规范服务业发展，尤其是生产者服务业的发展。同时还应法规之间的协调与配合，避免多头立法、相互冲突局面，建立部门间的沟通、协调机制，并且提高相关从业人员的业务水平。

最后，构建和发展生产业服务业行业协会，发挥行业协会在监管自律、构建信息平台、维护公平竞争等方面的有效作用。明晰政府权限和行业协会的职能，政府逐步将行业资格审查、市场准入资格认定等适宜行业协会履行的职职能转移给行业协会，将行业协会的发展与政府职能的转变统一起来。同时积极推进社会信用体系建设，健全信用分类监管和失信惩戒制度，高效整合信用服务资源，促进生产者服务企业和制造企业的诚信经营，强化对信用行为的规范化、法制化管理，从而降低制造企业从外部购买生产者服务的风险。

3. 充分发挥制造业与生产者服务业的良性互动机制

江静和刘志彪（2010）指出一方面，中国以加工贸易为主导的贸易结构割裂了制造业与生产者服务业之间的产业关联性，破坏了培育生产者服务业发展的市场土壤，另外，代工制造的发展模式不仅没有形成对生产者服务的有效需求，反而在要素获取方面与服务业形成竞争，进而制约了生产者服务的发展，这也是当前中国服务业发展水平较低的主要原因。另一方面，生产者服务的滞后又使制造业无法获得高级要素投入，从而使制造业长期处于全球价值链低端，只能继续依赖于为发达国家代工生产的发展模式，这个国际代工者的定位又制约了生产者服务的发展，从而陷入路径依赖。从这个意义上说，目前生产者服务发展滞后是中国外向型经济发展战略的必然结果。

此外，我国制造业的生产者服务水平以及服务业各部门的自我需求水平还远低于美国等发达国家，生产者服务需求的上升空间还很大。在产业发展过程中，一国正确的政策导向具有显著的积极意义。以美国为例，借鉴美国的发展经验可以发现 20 世纪 90 年代美国服务业乃至经济的持续增长很大程度上取决于美国政府推行的产业结构调整和"服务优先"的政策，其显著特点就是产业结构的"软化"，这很大程度上反映为要素的服务化，即对信息、技术、知识等"软要素"的依赖程度加深。如美国政府于 1992 年先行推出了高性能计算和通信计划（High Performance Computing & Communication Program Initiative，HPCC），目的是要完善开发和利用高性能计算机系统和超高速网络的环境，之后提出的信息基础设施和技术法案，使 HPCC 计划进一步迅速拓展至了学校、医院、商业机构等。因此，我国政府也应制定相应的产业扶持政策，通过引进高新技术尤其是信息技术、培育人力资本以及创造良好的知识创新和传播环境等措施，促进生产者服务需求以及制造业产业结构的软化，从而促进制造业与服务业的互动发展，实现对传统制造业和服务业的改造升级。

因此，任何一个产业的发展都不是独立的，对于服务业和制造业而言更是如此，这也是本书的研究基础。通过本书的理论研究可以发现，制造业专业化分工的深化使企业在生产经营中的纵向和横向联系加强，相互依赖程度加深，引起对商业、金融、保险、运输、通信、广告、咨询、情报、检验、维修等服务需求量也迅速上升（陈宪和黄建峰，2004），从而带来了服务业的市场化发展，服务业的市场化又会反过来促进制造业的发展，制造业与服务业形成了动态的良性发展循环，并且呈现出先剥离，再融合的发展趋势。因此在制定产业政策时，应当综合考虑制造业与服务业的产业互动关系，以谋求事半功倍的政策效果。

9.2.2　贸易政策层面

首先，应大力培育制造业出口贸易竞争力，逐渐转变制造业依赖委托代工的贸易发展模式。由于多年以来的外向型贸易政策以及委托代工的发展模式，我国制造业顺应了国际产业转移的潮流，实现了飞速发展，但是却陷入了被锁定于价值链低端的困境。低端的制造业发展模式限制了其对高级服务要素的需求，缺乏多样化的服务需求市场，中国服务业的发展遇到瓶颈，反过来，服务业市场化程度低，致使制造业企业无法以低成本获得需要的服务投入，致使服务内部化现象严重的同时外部需求严重不足，这又进一步限制了制造业以及服务业自身的发展，从而使得中国制造业与服务业双双陷入困境。因此，从根本上改变这一发展困境，首先应当从制造业以及制造业的贸易发展方式入手，调整制造业内部结构，整治高污染、高投入、低效益的产能过剩行业，鼓励高附加值、高技术含量的制造业出口。从我国外贸发展的目标看，外贸易政策的优化和调整就是要努力实现由"贸易大国"向"贸易强国"的转变。外贸政策制定要为实现这一转变提供重要的制度保障。从顶层设计的层面增强我国的对外贸易竞争力，这不但是我国外贸发展的方向，也是未来外贸政策调整的方向。为了实现结构调整的目标，不可避免的会在一定程度上以贸易总量或增长速度为代价，但是合理的政策设定会减少改革的阵痛，正确的观念引导也会有利于改革目标的实现。

其次，还应进一步扩大服务业的开放，带动服务贸易大发展。为了提高我国生产者服务业对外开放的水平，加快我国生产者服务业国际化进程，在贸易政策的制定过程中，应当将国内服务业的发展与服务贸易的发展相结合。应稳步实现服务贸易的对外开放，引进国外先进生产者服务业，加强对发达国家知识、技术密集型的高级生产者服务业的招商引资力度，发挥外商投资企业的竞争效应和示范效应，通过竞争机制的引入，有效促进国内生产者服务企业的创新意识的增强，从而推动国内生产者服务企业生产效率的提升和产业的优化升级。在引进来的同时，还应鼓励本国的服务企业走出去。加快本国生产者服务业的国际化进程，使国内企业参与到国际竞争中推动我国生产者服务业实施国际化经营战略，参与国际合作，引入战略国际合作者，培育出具有国际竞争力的世界一流生产者服务企业。此外，还应为我国实施"走出去"战略的生产者服务企业营造良好的外部环境，逐步完善企业国际化服务体系，激发生产者服务企业的国际化意识。在生产者服务企业参与国际化竞争的各个阶段提供咨询服务、数据信息支持服务等。

9.3

未来的拓展方向

本书以生产者服务业和制造业为研究对象，从不同角度、不同层次考察了生产者服务业对制造业的影响效应。尽管本书进行了比较深入的研究和探讨，但是受到研究能力与研究时间等的限制，本书尚存在一些研究局限和不足，这些局限和不足同时也是今后得以进一步完善和拓展的方向，具体来说主要体现在以下几方面：

（1）虽然本书涉及生产者服务业与制造业双向互动关系的探讨，但是在研究中笔者仅重点考查了生产者服务业对制造业的单向影响效应，尤其是涉及贸易时，仅探讨了进口和国产生产者服务对制造业全要素生产率和出口贸易竞争力的影响效应。在生产者服务业与制造业产业融合、贸易互补互促性趋势不断增强的背景下，对于二者之间双向互动关系的深入探讨无疑是十分重要且有意义的，尤其是对于生产者服务进口、出口贸易与制造业进口、出口贸易这四者之间关系的探讨，而这些问题均是没有深入研究的。对于这些问题的进一步探讨可以作为本书的一个拓展方向。

（2）根据提供方式的不同，可以将服务贸易划分为跨境交付、境外消费、商业存在以及自然人流动四种。本书的研究主要涵盖跨境交付和境外消费两种提供方式。而商业存在提供方式无疑已经并将发挥越来越重要的作用，对于东道国而言，生产者服务型商业存在对本国制造业及其出口贸易竞争力的影响也是一个值得探讨的重要方向。

（3）本书将 15 个服务部门按照生产者服务业、消费者服务业和公共服务业三个类型进行分析，最后一章还将生产者服务和其他服务按照来源的不同进一步分为国产和进口服务，可以说本书的研究更为细化，是对已有研究的补充。但是，由于服务业各个部门之间具有非常明显的异质性，对于某一特殊服务部门专门的研究还有待于深入展开，比如商务服务业是一种新兴服务业，具有显著的知识密集性和产业关联性，已有国外学者专门针对商务服务业进行了研究，而中国商务服务业的发展现状也是值得探讨的。

附录 1

本书重点探讨了制造业与服务业，特别是与生产性服务业的产业互动机制，并且在这一互动机制的作用下，生产性服务业对制造业发展产生的积极影响效应。从内容上看，理论研究方向，研究视角不仅涵盖了生产性服务业对制造业的影响机制，还包括制造业对生产性服务业发展的积极影响机制，但是，在经验研究方面，本书更加侧重于分析生产性服务业对中国制造业竞争力的单向影响作用，对于制造业对中国生产性服务业的影响这一方面的内容探讨，虽然内容上有所提及，但是缺乏系统性，为了弥补这一不足，在本部分（附录1）中将重点分析影响服务业发展的因素，并探讨制造业在中国服务业发展中所扮演的角色。

1. 影响服务业发展的因素分析

服务业伴随一国经济的发展而发展，影响服务业发展的因素可能来自于需求层面也可能来自于供给层面，此外，产业发展的内在因素（如产业间、产业内部结构调整）以及外在的环境因素（如制度、市场化水平等）也都会对服务业的发展产生影响。下文主要从以下三个方面对已有文献进行梳理。

1.1 基于生产率差异化的解释

最早关于服务业发展原因的解释是从消费者服务业的角度出发，重点关注服务的最终需求。鲍莫尔（Baumol，1967）基于生产率差异构建了一个两部门的非均衡增长模型，其中"进步部门"劳动生产率为正，"停滞部门"（服务部门）的劳动生产率为零，通过分析，鲍莫尔认为在生产率增长内在不均衡的经济中，由于两部门的名义工资同水平增加，停滞部门即服务部门的工资成本将不断上升，如果服务部门需求的价格弹性较低，则对服务产品的消费成本也将不断增加，表现为服务部门消耗了越来越多的国民收入，从而出现"成本病"现象，最终经济增长将趋于停滞。福克斯（Fuchs，1968）进一步分析了服务业就业扩张的原因。他指出服务需求的收入弹性大于1、服务的外部化和市场化以及服务平均劳动生产率较低都是服务业就业扩张的原因。但福克斯基于美国1929～1965年期间的数据分析表明，服务业就业扩张的主要原因是服务业的平均劳动生产率滞后。虽然鲍莫尔和福克斯在一定程度上解释了服务部门扩张的原因，但是他们认为"服务部门平均劳动生产率较低"的基本观点却备受质疑，此外"服务部门扩张将导致经济增长率停滞"的推论也受到了挑战。如格里利奇斯（Griliches，1992）就认为由于服务部门的不可测度性，服务业的生产率往往被低估。普格诺（Pugno，2005）则指出由于服务业有助于人力资本积累，因此可以抵消服务部门扩张带来的负效应，从而促进经济增长。里多（Riddle，1986）认为由于服务业的"粘合剂"作用，不应当孤立地看待服务业，服务部门的扩张未必会降低经济整体的生产率水平。事实上，后续基于生产者服务的大量研究也表明服务部门的扩张会带来经济整体生产率的提高而并非停滞（Triplett and Bosworth 2003；Hoekman，2006）。

1.2 基于分工和专业化视角的探讨

另外一些学者则基于产业关联的视角侧重于从中间需求的层面解释服务业发展的原因，由于考虑到了服务业与其他产业尤其是制造业的相互影响与作用关系，基于产业关联视角的研究可以说是对鲍莫尔观点的有益补充和进一步拓展。鉴于服务业的"粘合剂"作用（Riddle，1986），以及在"迂回生产"过程中所扮演的角色（Katouzian，1970），生产者服务业与制造业的互动关系成了研究的焦点，而制造业对生产者服务业发展的影响则又是已有研究关注的重点。布哈格瓦蒂（Bhagwati，1984）指出生产者服务业的发展是制造业服务外包活动的产物，即原本由制造企业内部从事的非生产性活动被"剥离"出来由专门的服务企业承担。但是生产者服务并不仅仅包括外部化后的服务，依旧存在于制造企业内部从事的非生产性服务活动也是生产者服务的重要组成部分，基于此，弗兰克伊斯

（1996）认为制造业内部生产结构的变化，即制造业生产过程中所需的中间服务增加才是促进生产者服务业发展的根本原因。古尔里瑞和梅利希亚尼（Guerrieri and Meliciani，2005）基于OECD国家的经验研究进一步证实了制造业对于生产者服务业的重要意义，古尔里瑞和梅利希亚尼指出由于制造业是服务的主要需求来源，因此制造业基础是决定一国生产者服务业发展水平的关键因素。可以说，分工和专业化带来的生产组织结构的变迁促进了服务业尤其是生产者服务业的发展。

1.3 基于其他因素的分析

除了以上因素以外，外在的环境因素也会影响服务业的发展。首先，如弗兰克伊斯（1990）就指出，国内市场一体化程度和开放度水平具有显著的市场扩张效应，因此是影响服务业发展的重要因素之一。同时，国内市场一体化还有助于消除行政边界和壁垒，从而避免地方政府间恶性竞争带来的资源浪费，而开放度的提高则有利于形成一个新的市场规则，使真正有竞争力的企业得以生存和发展，从而实现资源的有效配置。因此，可以认为市场竞争是否充分有效也是影响服务业发展的重要因素。其次，还有学者从城市化的角度，解释服务业发展的原因。辛格曼（Singelman，1978）最早研究了城市化水平与服务业发展的关系，并提出因为服务产品具有不可贮存性和生产消费的同时性特点，服务产品的供需双方需要直接面对面，而城市设施为此提供了条件。之后许多学者从城市化引致服务业需求结构以及发展环境变化的角度，解释了城市化促进服务业发展的机制，如基博和纳查姆（Keeble and Nacham，2002）、江小涓和李辉（2004）、顾乃华（2011）等。再次，经济发展阶段也往往被认为是决定服务业发展水平的重要因素（Clark，1940；Koldar，1966；Curtis and Murthy，1998；江小涓和李辉，2004等）。此外，作为环境因素的重要指标之一的制度因素也与服务业的发展息息相关，对于我国而言更是如此，正如程大中（2008）所指出的，我国生产者服务业的落后不是由经济发展阶段所决定的，而在很大程度上缘于社会诚信、体制机制和政策规制的约束。因此，打破市场垄断、理顺市场机制、规范市场运行秩序和政府行为以及打造诚信经济，应该成为政策的着力点。汪德华等（2007）进一步提出政府规模和法制水平也会显著影响服务业发展水平。徐建国

（2011）基于我国的经验研究还发现，人民币贬值与我国 1992～1996 年及 2002～2008 年间服务业发展停滞具有很强的相关性。服务业发展滞后还可能是由于统计制度不完善所致（许宪春，2000，2004）。

在已有文献的基础上，本文基于服务需求的视角，利用投入产出模型分析，从国民经济整体的服务需求结构、制造业的服务需求以及服务业自身需求三个层面系统考察制约我国服务业发展的需求因素，此外，本文还专门探讨了我国服务出口存在的问题。值得说明的是，本文特别选取美国这一发达的服务经济体作为参照，通过考察我国与美国服务业需求结构的差异，进而探讨可能构成我国服务业发展障碍的主要原因，最后借鉴美国的发展经验提出相关的政策建议。本文接下来的结构安排如下：第 3 部分介绍模型方法及数据来源；第 4 部分进行实证分析；最后是结论与政策启示。

2. 模型、方法及数据

为了系统地考察服务业各部门的主要需求来源，作为国民经济核算基础的投入产出分析技术无疑是一个合适的选择。利用投入产出分析能够清晰地揭示国民经济各部门之间的内在关联，特别是能够反映国民经济中各部门、各产业之间在生产过程中的直接与间接联系，本文的实证分析模型也是建立在里昂惕夫（Leontief，1951）的基本模型框架上。里昂惕夫投入产出模型的基本列平衡式用代数式的形式可以表示为：

$$X_j = \sum_i X_{ij} + N_j \qquad (1)$$

其中，i 表示横行部门，j 表示纵列部门，X_j 表示 j 部门的总产出，N_j 表示 j 部门的增加值，X_{ij} 表示 i 部门产出中用于 j 部门的部分，$\sum_i X_{ij}$ 即为 j 部门生产过程中消耗的各个部门产品数量之和。为了考察 j 部门对于各个部门产品的使用情况，构造系数 a_{ij}，其计算公式为：

$$a_{ij} = \frac{X_{ij}}{X_j} \qquad (2)$$

显然，a_{ij} 即为通常我们所熟知的直接消耗系数，表示生产单位 j 部门产品需要直接消耗的 i 部门产品的数量，它反映了 j 部门的中间投入结构。

在本文中，该系数可以用于考察制造业部门和服务业部门对服务的中间投入需求情况，该值越大表明制造业或服务业生产过程中的服务投入越多，因此反映了制造业的服务化水平或服务业自身需求的程度，并且可以对制造业（或服务业）各个部门间以及部门内部服务投入情况进行比较。类似地，投入产出模型的基本行平衡式可以表示为：

$$X_i = \sum_j X_{ij} + \sum_k Y_{ik} \qquad (3)$$

其中，X_i 表示 i 部门的总产出，Y_{ik} 表示 i 部门的总产出中用于第 k 种最终需求的部分，X_{ij} 的含义与上文相同，$\sum_j X_{ij}$ 则表示 i 部门提供给各个部门作生产消耗的中间产品数量之和，式（3）反映了一个部门产品的分配使用流向。本文为了能够考察某一部门总产出的分配使用情况，构造系数 b_{ij} 和 c_{ij}，其计算式为：

$$b_{ij} = \frac{X_{ij}}{X_i} \qquad (4)$$

$$c_{ik} = \frac{Y_{ik}}{X_i} \qquad (5)$$

由式（4）可知，b_{ij} 表示 i 部门的总产出用于 j 部门生产投入的比例，c_{ik} 则表示 i 部门的总产出用于第 k 种最终需求的占比，它们分别反映了 i 部门产品的中间使用和最终使用情况。本文将借助 b_{ij} 和 c_{ij} 系数分别考察服务部门产品的产业流向和最终使用结构。

本部分采用的我国与美国的投入产出数据，分别来自于中国和美国官方公布的 2007 年投入产出表。用 2007 年人民币对美元的年平均汇率对美国投入产出表进行调整，并对两国投入产出表进行部门调整，结合研究的需要，将第二产业划分为采选业、制造业、供应业①及建筑业，制造业进一步细分为 13 个部门，并将第二产业（服务业）划分为 9 个部门，即：交通运输仓储业、邮电通信业、金融保险业、现代商业、房地产业、社会服务业、文教卫及娱乐业、科研及综合技术服务业、公共管理及其他服务业。

---

① 供应业指电力、热力、燃气及水的生产和供应业。

3. 实证结果分析

3.1 国民经济整体的服务需求结构

利用我国和美国 2007 年投入产出表，基于式（4）和式（5）我们可以分别计算出中美两国国民经济整体的服务需求结构。如附表 1 - 1 所示，2007 年我国服务业用于满足中间需求和最终需求的比重均为 50% 左右，而美国服务业中间需求仅为 40%，最终需求则为 60%。2007 年我国服务业中间需求中，第二产业的需求所占比重最高，服务业需求次之，分别为 27.75% 和 20.13%，美国则截然相反，美国服务用于制造业的投入比重不到 9%，而服务业自身需求则高达 30.88%，我国与美国服务业的中间需求结构特征印证了程大中（2008）的研究结论，当一国处于工业化发展阶段时，服务业主要用于第二产业的生产，而当一国完成向服务经济转型的过程后，服务业主要用于满足其自身发展的需求。后文第二、第三部分将对中间需求情况进行深入分析，本部分重点考察服务的最终需求情况。

附表 1 - 1　　　　　中美两国服务业的需求结构比较　　　　　单位：%

| 国家 | 中间需求结构 | | | | 消费 | | | 最终需求结构 | | |
	第一产业	第二产业	第三产业	中间需求合计	居民消费	政府消费	小计	资本形成	出口	最终需求合计
中国	1.61	27.75	20.13	49.49	23.83 (18.59)	18.11 (14.13)	41.95 (32.72)	3.76 (2.93)	6.90 (5.3)	52.60 (40.95)
美国	0.30	8.45	30.88	39.63	41.65 (52.37)	12.75 (16.03)	54.40 (68.4)	3.40 (4.28)	2.92 (3.68)	60.37 (76.36)

注：①括号内的数据为服务业最终需求的各个部分占国内生产总值的比重。
②我国投入产出表的编制过程中，为了实现行列平衡，在行平衡式中加入了"其他"项，以调整统计因素导致的不平衡，因此在计算过程中（中间需求＋最终需求）≠100%，美国投入产出表则不存在这一误差。

从最终需求结构来看，较之魏作磊和胡霞（2005）的研究发现，与

1992~2000 年间平均不到 40% 的水平相比，2007 年我国服务业的最终需求占其总产值的比重有显著提高，达到了 52.6%，然而依旧明显落后于美国的 60.37%，从最终需求结构看，这主要是由于我国居民消费的服务仅为 23.83%，远低于美国的 41.65%。然而，我国的出口占比却为 6.9%，高于美国的 2.92%，这似乎与人们的直觉相违背，美国被认为是服务贸易大国，但是其服务出口比重却低于我国。然而，进一步分析可知，这与现实并不矛盾。美国高达 41.65% 的服务都被用于居民消费，服务业自身又消耗了其总产值的 30.88%，相应的我国这一比重却仅为 23.83% 和 20.13%，我国的服务主要是满足第二产业的中间需求。附表 1-1 括号内的数据进一步从服务业最终需求总量的层面验证了该结论，我国服务业的增加值占国内生产总值的比重约为 41%，美国则高达 76%，而两国这一显著差距恰恰是源于我国居民消费的服务占比仅为 18.59%，远低于美国的 52.37%。由此可知，美国服务业发展主要是靠国内的消费需求拉动，而我国则更多地依赖于中间需求和出口，因此可以得出最终需求尤其是私人消费需求不足很可能是制约我国服务业发展的基本因素之一。

此外，虽然我国服务业出口占服务业总产值的比重为 6.9%，明显高于美国的 2.92%，但是，我国服务出口结构过于单一，仅仅交通运输及仓储业和现代商业在服务业总出口中的比重就高达 90%，而美国的服务出口结构则相对均衡，如在金融保险业、社会服务业、科研及综合技术服务业等部门的出口占比均显著高于我国（见附表 1-2）。尤其值得注意的是，排除某些特定服务部门更侧重于为本国居民服务的性质，金融保险业在我国服务业总产值中的份额超过了 10%，但其出口额却不到 1%，这说明我国金融服务的国际竞争力还相当低，也反映了我国服务业内外发展不平衡的问题。因此，从服务贸易占比来看，我国虽然显著高于美国，但是我国服务贸易还存在总量不足、结构失衡和内外发展不平衡等诸多问题。

附表 1 - 2　　　　　我国及美国各部门出口占服务业总出口比重　　　　单位：%

部门	出口结构		部门	出口结构	
	中国	美国		中国	美国
交通运输及仓储业	30.02	18.92	房地产业	0.00	0.21
邮电通信业	3.73	4.23	社会服务业	2.15	12.62
现代商业	59.95	40.81	文教卫及娱乐业	2.99	5.78
金融保险业	0.65	13.77	公共管理及其他	0.32	0.06
科研及综合技术服务业	0.20	3.59			

3.2　制造业的服务需求程度及部门结构

基于本文的模型分析发现，无论是我国还是美国，第二产业中服务的主要需求来源是制造业，而采选业、供应业及建筑业的平均占比不到3%，因此下文重点将制造业作为考察对象。基于式（2），可以分别计算出我国及美国制造业各部门的服务需求占该制造业总投入（或总产出）的比重，计算结果见附表 1 - 3 及附表 1 - 4。附表 1 - 3 和附表 1 - 4 分别反映了我国及美国制造业的服务化程度，即制造业各部门对服务的中间需求程度。

从需求总量看，由附表 1 - 3 和附表 1 - 4 可知我国服务需求在制造业总投入的比重基本上都在 10% 左右（食品制造业除外），远低于美国平均 20% 的水平，从而表明我国制造业的服务化程度明显偏低。一方面，我国制造业价值增值能力低且仍然处于全球价值链底端，国际代工的发展模式进一步限制了制造业向产业链高端的攀升及对服务的需求，致使制造业发展陷入低水平循环的怪圈，始终难以完成产业结构优化和升级的华丽转身，服务业的发展也因制造业需求的不足而受到限制（赵勇亮和张捷，2011）；另一方面，我国服务业还存在突出的垄断、国有化性质，市场化程度相当不完善导致服务产品质量低、价格高，进一步限制了制造业对服务的外部需求。

附表 1-3　我国制造业的服务化程度

单位：%

项目	制造业												
	食品制造	纺织及其制品	皮革羽绒及其制品	木材加工及家具制造业	造纸印刷	石油炼焦	化学工业	非金属矿物制品业	金属冶炼及压延业	金属制品	交通运输设备制造	电气机械及器材制造业	电子及通信设备制造业
交通运输及仓储业	26.4	1.84	1.58	2.05	2.21	2.45	2.45	3.94	2.09	2.01	1.66	1.98	1.27
邮电通信业	2.01	0.36	0.41	0.37	0.26	0.40	0.38	0.21	0.91	0.24	0.19	0.31	0.82
现代商业	42.8	2.78	2.69	2.86	3.25	2.18	3.25	3.23	2.00	3.24	4.23	4.55	3.93
金融保险业	9.38	1.28	0.85	1.22	1.25	0.71	1.31	2.30	1.26	0.74	0.65	0.93	2.15
房地产业	1.67	0.48	0.68	0.50	0.40	0.02	0.20	0.21	0.02	0.37	0.12	0.25	0.20
科研及综合技术服务业	3.24	0.22	0.32	0.22	0.36	0.20	0.56	0.32	0.37	0.40	1.07	0.63	0.86
社会服务业	1.77	0.20	0.30	0.20	0.36	0.16	0.29	0.36	0.29	0.18	0.15	0.10	0.07
文教卫生及娱乐业	2.23	0.21	0.34	0.24	0.28	0.09	0.22	0.40	0.19	0.40	0.36	0.35	0.17
公共管理及其他	0.13	0.01	0.01	0.01	0.01	0.01	0.01	0.01	0.01	0.01	0.01	0.01	0.01
合计	89.7	7.37	7.18	7.68	8.39	6.21	8.67	10.9	7.13	7.60	8.44	9.11	9.48

附表 1-4　美国制造业的服务化程度

单位：%

项目	制造业												
	食品制造	纺织及其制品	皮革羽绒及其制品	木材加工及家具制造业	造纸印刷	石油炼焦	化学工业	非金属矿物制品业	金属冶炼及压延业	金属制品	交通运输设备制造	电气机械及器材制造业	电子及通信设备制造业
交通运输及仓储业	3.39	4.46	2.06	3.86	5.34	2.03	2.97	9.74	6.80	1.56	2.05	1.51	1.32
邮电通信业	1.06	0.58	0.41	0.65	0.76	0.25	0.61	0.60	0.30	1.06	0.82	1.91	2.13
现代商业	9.15	8.14	7.18	9.10	8.09	5.25	7.23	4.08	7.78	6.36	6.85	8.02	9.90
金融保险业	1.59	1.07	0.85	1.18	1.38	1.17	1.11	1.51	0.84	1.27	1.46	1.39	1.71
房地产业	4.50	2.66	2.28	3.31	2.86	1.97	4.07	2.79	1.58	2.98	3.72	3.31	5.27
科研及综合技术服务业	0.37	0.49	0.46	0.62	0.68	0.06	0.28	0.42	0.07	0.74	0.16	0.46	0.57
社会服务业	6.28	2.62	5.62	2.17	3.32	1.17	3.71	3.06	1.45	2.81	2.19	3.72	4.39
文教卫及娱乐业	0.19	0.08	0.07	0.13	0.18	0.11	0.24	0.08	0.06	0.11	0.26	0.11	1.95
公共管理及其他	0.10	0.10	0.10	0.10	0.08	0.02	0.03	0.09	0.04	0.07	0.05	0.08	0.07
合计	26.6	20.2	19.0	21.1	22.7	12.0	20.2	22.3	18.9	16.9	17.5	20.5	27.3

从服务需求的部门结构来看，两国制造业对现代商业的需求都较高。然而，相对于其他服务部门，我国制造业更多地依赖于传统的劳动密集型服务，如交通运输服务占制造业总投入的比重几乎都达到了2%以上，其中非金属矿物制品业这一比重将近达到4%。而美国制造业虽然对交通运输服务的使用也较多，但是更偏重于对资本以及人力资本密集型服务的需求，如房地产业和社会服务业。此外，两国的制造业中服务化程度最高的部门均为食品制造业、电气机械及器材制造业和电子及通信设备制造业，我国相应的比重为89.7%、9.11%、9.48%，美国为26.6%、20.5%、27.3%。值得注意的是，我国食品制造业的服务化程度尤其高，这主要是由于其对交通运输仓储业和现代商业的高度需求，仅这两个服务部门占比之和就高达69.2%。

3.3 服务业自身的需求程度及结构

同样基于式（2），可以分别计算出我国和美国服务业各部门的服务需求占服务业总投入的比重，即服务业各部门对服务的中间投入需求程度，结果如附表1-5和附表1-6所示。结合附表1-5、附表1-6分析可以发现，中美两国服务业对自身的需求水平同样表现出显著的规模及部门差异。除了公共管理及其他服务业以外，我国各服务部门的服务需求程度均显著低于美国。例如，美国的金融保险业、邮电通信业、科研及综合技术服务业的服务需求占比分别为42.81%、42.68%、35.41%，而我国则为24.62%、18.79%和8.91%，尤其是科研及综合技术服务业超出了近4倍，这表明我国服务业的服务化程度相较于美国也明显偏低。从部门结构看，我国现代商业、金融保险业和公共管理及其他服务业的服务需求程度较高，而美国服务需求程度最高的三个部门则为邮电通信业、金融保险业和科研及综合技术服务业。此外，美国各服务业部门对科研以及综合技术服务的需求也显著高于我国，据估算我们容易发现，目前我国科研服务的60%都被投入到了制造业部门的生产中，投入到服务部门的仅为20%左右，而美国则恰恰相反①。

---

① 首先根据式（4）计算出科研服务投入于某一制造业部门（或服务业部门）的部分在科研服务总产出的占比，然后对所有制造业部门（或服务业部门）的数据进行加总后得到。

附表 1-5　　　　　　　　我国服务业自身的需求程度　　　　　单位：%

	服务业								
	交通运输及仓储业	邮电通信业	现代商业	金融保险业	科研及综合技术	房地产业	社会服务业	文教卫及娱乐业	公共管理及其他
交通运输及仓储业	6.82	2.29	5.89	2.01	0.37	3.22	1.83	1.85	3.07
邮电通信业	0.92	3.61	0.86	2.83	0.33	0.58	0.59	1.54	3.08
现代商业	2.80	7.80	8.76	8.62	3.57	6.00	4.83	7.23	9.05
金融保险业	4.98	1.35	3.39	6.42	2.48	1.95	2.66	2.19	1.78
科研及综合技术	0.34	1.96	1.90	2.64	0.89	0.78	2.31	0.61	0.60
房地产业	0.13	0.34	0.35	0.14	0.13	4.76	0.17	0.40	0.14
社会服务业	1.95	0.69	1.66	0.61	0.64	0.33	4.72	1.26	2.21
文教卫及娱乐业	0.43	0.73	0.64	1.31	0.45	0.92	0.79	2.58	4.23
公共管理及其他	0.02	0.03	0.03	0.04	0.04	0.03	0.02	0.02	0.03
合计	18.39	18.79	23.48	24.62	8.91	18.55	17.92	17.68	24.18

附表 1-6　　　　　　　　美国服务业自身的需求程度　　　　　单位：%

	服务业								
	交通运输及仓储业	邮电通信业	现代商业	金融保险业	科研及综合技术	房地产业	社会服务业	文教卫及娱乐业	公共管理及其他
交通运输及仓储业	11.21	0.85	1.78	1.05	1.32	0.37	1.02	1.05	1.68
邮电通信业	2.11	18.64	2.19	1.86	4.26	0.75	5.12	2.84	3.46
现代商业	5.38	3.70	4.35	2.91	4.32	2.40	5.66	4.99	3.14
金融保险业	1.70	3.48	3.10	28.34	1.92	5.27	1.41	2.44	1.29
科研及综合技术	2.32	7.89	4.44	3.40	10.55	2.10	6.64	3.46	5.96
房地产业	1.30	1.54	4.33	2.62	4.48	4.28	3.81	6.23	1.62
社会服务业	3.53	2.99	6.12	2.11	6.37	4.20	5.25	5.33	2.48
文教卫及娱乐业	0.13	3.22	0.46	0.20	1.46	0.06	0.30	3.78	1.85
公共管理及其他	0.12	0.38	0.44	0.32	0.74	0.13	0.48	0.81	0.34
合计	27.81	42.68	27.2	42.81	35.41	19.56	29.69	30.91	21.83

此外，两国呈现出的共同显著特征是各服务业部门对其自身的服务需求相当高，如我国交通运输及仓储业对其自身的需求为 6.82%，美国为 11.21%。客观上讲，这在一定程度上具有统计上的特征，通常部门划分越粗这一现象也会越明显。但排除这一因素外，服务业部门本身确实存在着高度的自我需求和加强效应 (Guerrieri and Meliciani, 2005)。通过与美国的横向比较可知，我国服务业各部门的自我需求程度也远远低于美国，如美国的金融保险业、邮电通信业、科研及综合技术服务业的自我需求分别达到了 28.34%、18.64%、10.55%，我国仅为 6.42%、3.61% 和 0.89%。由此可见，我国服务业发展滞后不单纯是受制于最终需求以及制造业中间投入需求的不足，还源于服务业各部门的内部自我需求的不足。通过对美国服务需求结构的分析可知，服务业各部门对服务的中间投入需求程度恰恰是决定服务业发展状况的关键因素，而要实现服务业需求的自我拉动与自我加强无疑还需要外力的辅助，如来自于相关产业政策以及贸易政策的支持。

4. 结论与启示

通过对我国以及美国服务业需求结构的深入剖析，可以得出以下主要结论：

首先，与美国相比，我国服务业的发展很大程度上受制于最终需求尤其是私人消费需求的不足。因此在刺激国内居民消费、实施扩大内需的政策时也应当关注如何促进私人服务消费需求的增加。无疑也只有当收入水平不断提高、社会保障制度逐步完善并且长期消费习惯有所改变之后，居民的服务消费需求水平才会不断提高。

其次，我国制造业的"软化"水平以及服务业各部门的自我需求水平还远低于美国，生产者服务需求的上升空间还很大。然而，借鉴美国的发展经验可以发现 20 世纪 90 年代美国服务业乃至经济的持续增长很大程度上取决于美国政府推行的产业结构调整和"服务优先"的政策，其显著特点就是产业结构的"软化"，这很大程度上反映为要素的服务化，即对信息、技术、知识等"软要素"的依赖程度加深。如美国政府早在 1992 年先行推出了高性能计算和通信计划 (high performance computing & communication program initiative，HPCC），目的是要完善开发和利用高性能计算机系统和超高速网络的环境，之后提出的信息基础设施和技术法案，使HPCC计划进一步迅速拓展至了学校、医院、商业机构等。因此，我国政府也应制定相应的产业扶持政策，通过引进高新技术尤其是信息技术、培育人力资本以及创造良好的知识创新和传播环境等措施，促进生产者服务需求以及产业结构的软化，从而实现对传统制造业和服务业的改造升级。

再其次，我国服务业内外发展不平衡，出口结构过于单一。在相关产业以及贸易政策的制定过程中，应当将国内服务业的发展与服务贸易的发展相结合。制定相应的政策法规、完善执法程序，为服务业发展创造良好的制度环境，如加大研发投入以及加强知识产权的保护力度，从而促进科研以及综合技术服务业的发展。此外，应稳步实现服务贸易自由化，使国内企业参与到国际竞争中，进而充分挖掘金融保险业等增加值比重较高的服务部门的贸易潜力。

最后，值得指出的是，本文仅是从需求的角度考察了可能导致我国服务业发展滞后的原因，但是影响服务业发展的因素正如前文所述还有许多，如经济发展水平、市场化程度、开放度水平、城市化进程等，尤其对我国而言，服务业发展滞后也可能是由于其自身的供给不足所致。如高传胜等（2008）的研究表明，服务业的内部化现象严重恰恰是制约其发展的关键因素，而造成这一现象的重要原因就是外部竞争不够充分有效、垄断性较强，导致服务的种类、质量无法满足企业的客观需要，迫使企业不得不自我提供，因此应当以市场化为导向，降低服务业进入壁垒引入有效竞争，实现服务业的外部化和市场化。

附录 2

不同来源的生产者服务对制造业
出口竞争力的影响效应

因变量：EXP	整体	劳动密集型	资本密集型	技术密集型
PSADserlin	−0.3877 (−0.94)	1.4543 (0.72)	0.6025 (0.87)	0.1423 (0.17)
PSAMserlin	−7.9510 (−1.78)	−27.6361 ** (−2.01)	13.9474 ** (2.00)	−28.8917 *** (−3.39)
OSADserlin	1.6254 *** (6.27)	0.5152 (1.2)	1.9936 *** (3.06)	−0.3660 (−0.59)
OSAMserlin	32.8294 *** (6.26)	33.1782 *** (2.99)	−1.4308 (−0.14)	34.0317 *** (3.94)
Manulin	0.3490 *** (3.74)	−0.4388 (−1.26)	0.8236 * 1.81	0.3314 *** (2.66)
Imfiltrate	0.0141 (0.21)	0.2366 (0.79)	0.1572 (0.96)	0.0117 (0.1)
LagEXCH	−0.0516 (−0.5)	−0.0698 (−0.35)	−0.2408 (−0.92)	0.0414 (0.25)
R^2	0.001	0.001	0.0662	0.0274
N	74178	33126	17988	23064

注：括号内为 t 值；*、** 和 *** 分别表示在 10%、5% 和 1% 的水平下显著。

附录 3

计量回归模型结果汇总

	制造业整体		劳动密集型		资本密集型		技术密集型	
	TFP	EXP	TFP	EXP	TFP	EXP	TFP	EXP
PSADserlin	(−)	(−)	−	(+)	+	(+)	−	(+)
PSAMserlin	+	−	+	−	+	+	−	−
OSADserlin	(−)	+	−	(+)	+	+	−	(−)
OSAMserlin	+	+	+	+	+	(+)	+	+
Manulin	(−)	+	+	(−)	−	+	−	+
Imfiltrate	+	(+)	+	(+)	(+)	(+)	(−)	(+)

注：笔者将表 6 − 1 和表 7 − 3 的结果汇总到附录 3 中。符号"＋"表示影响效应显著为正，符号"－"表示影响效应显著为负，若有括号则表示影响效应不显著。

参考文献

［1］程大中. 论服务业在国民经济中的"粘合剂"作用［J］. 财贸经济, 2004（2）: 68 - 74.

［2］程大中. 中国生产性服务业的增长、结构变化及其影响——基于投入产出法的分析［J］. 财贸经济, 2006（10）: 45 - 52.

［3］程大中. 中国生产性服务业的水平、结构及影响——基于投入产出法的国际比较研究［J］. 经济研究, 2008（1）: 76 - 88.

［4］陈宪, 黄建锋. 分工作、互动与融合: 服务业与制造业关系演进的实证研究［J］. 中国软科学, 2004（10）: 65 - 71.

［5］崔日明, 张志明. 中国对外贸易新型竞争力发展战略研究［J］. 经济学家, 2014（2）: 36 - 46.

［6］代伊博. 生产者服务业对制造业发展的作用及机制研究［D］. 武汉大学博士毕业论文, 2011.

［7］杜德瑞, 王喆, 杨李娟. 工业化进程视角下的生产性服务业影响因素研究——基于全国 2002～2011 年 31 个省市面板数据分析［J］. 上海经济研究, 2014（1）: 3 - 17.

［8］冯泰文. 生产性服务业的发展对制造业效率的影响——以交易成本和制造成本为中介变量［J］. 数量经济技术经济研究, 2009（3）: 56 - 65.

［9］冯晓华, 张玉英. 人民币汇率波动的福利效应——基于我国制造业面板数据的实证分析［J］. 国际贸易问题, 2009（9）: 107 - 116.

［10］顾乃华, 毕斗斗, 任旺兵. 中国转型期生产性服务业发展和制造业竞争力关系研究［J］. 中国工业经济, 2006（9）: 14 - 21.

［11］顾乃华, 毕斗斗, 任旺兵. 生产性服务业与制造业互动发展:

文献综述 [J]. 经济学家，2006 (6)：35 – 41.

[12] 顾乃华，夏杰长. 对外贸易与制造业投入服务化的经济效应 [J]. 社会科学研究，2010 (5)：17 – 21.

[13] 顾乃华. 城市化与服务业发展：基于省市制度互动视角的研究 [J]. 世界经济，2011 (1)：126 – 142.

[14] 顾乃华. 生产性服务业对工业获利能力的影响和渠道——基于城市面板数据和SFA模型的实证研究 [J]. 中国工业经济，2010 (5).

[15] 高觉民，李晓慧. 生产性服务业与制造业的互动机理 [J]. 中国工业经济，2011 (6)：151 – 160.

[16] 高传胜，刘志彪. 生产者服务与长三角制造业集聚和发展 [J]. 上海经济研究，2005 (8)：35 – 42.

[17] 高传胜. 中国生产者服务业对制造业升级的支撑作用——基于中国投入产出数据的实证研究 [N]. 山西财经大学学报，2008，30 (1)：44 – 50.

[18] 高传胜，李善同. 中国生产者服务：内容、发展与结构——基于中国1987～2002年投入产出表的分析 [J]. 现代经济探讨，2007 (8)：68 – 72.

[19] 高传胜，汪德华，李善同. 经济服务化的世界趋势与中国悖论：基于WDI数据库的现代实证研究 [J]. 财贸经济，2008 (3)：110 – 116.

[20] 格鲁伯，沃克. 服务业的增长：原因和影响 [M]. 上海：上海三联书店，1993：35 – 38.

[21] 黄建忠，刘莉. 国际服务贸易教程 [M]. 北京：对外经济贸易大学出版社，2008：4.

[22] 黄建忠. 服务贸易评论 [M]. 厦门：厦门大学出版社，2009：3 – 10.

[23] 黄建忠，庄惠明. 中国服务业发展的结构、产业关联和动因 [M]. 服务贸易评论，厦门：厦门大学出版社，2010.

[24] 胡际，陈雯. 生产者服务业对第二产业TFP影响的实证分析——基于2001～2008年省际行业面板数据 [J]. 财经问题研究，2012 (2)：33 – 39.

[25] 胡晓鹏，李庆科. 生产性服务业与制造业共生关系研究——对苏、浙、沪投入产出表的动态比较 [J]. 数量经济技术经济研究，2009（2）：33 - 46.

[26] 江小涓，李辉. 服务业与中国经济：相关性和加快增长的潜力 [J]. 经济研究，2004（1）：4 - 15.

[27] 江小涓. 服务全球化的发展趋势和理论分析 [J]. 经济研究，2008（2）.

[28] 江静，刘志彪，于明超. 生产性服务业发展与制造业效率提升：基于地区和行业面板数据的经验分析 [J]. 世界经济，2007（8）：52 - 62.

[29] 江静，刘志彪. 世界工厂的定位能促进中国生产性服务业发展吗？[J]. 经济理论与经济管理，2010（3）：62 - 68.

[30] 孔德洋，徐希燕. 生产性服务业与制造业互动关系研究 [J]. 经济管理，2008（12）：74 - 79.

[31] 刘志彪. 发展现代生产者服务业与调整优化制造业结构 [N]. 南京大学学报，2006（5）：36 - 44.

[32] 刘辉煌，任会利. 生产者服务进口影响制造业国际竞争力的中介效应研究 [J]. 经济与管理，2010（8）.

[33] 刘林青，谭力文. 产业国际竞争力的二维评价——全球价值链背景下的思考 [J]. 中国工业经济，2006（12）：37 - 44.

[34] 刘明宇，芮明杰，姚凯. 生产性服务价值链嵌入与制造业升级的协同演进关系研究 [J]. 中国工业经济，2010（8）：66 - 75.

[35] 刘晶，刘丽霞. 生产性服务业发展影响因素的实证研究——基于山东省面板数据的计量分析 [J]. 技术与创新管理，2011，32（4）：354 - 358.

[36] 刘纯彬，杨仁发. 中国生产性服务业发展的影响因素研究——基于地区和行业面板数据分析 [J]. 山西财经大学学报，2013（4）：30 - 37.

[37] 刘戒骄. 服务业的开放及其对工业的影响 [J]. 管理世界，2002（6）：54 - 74.

［38］刘起运，彭志龙．中国1992～2005年可比价投入产出序列表及分析［M］．北京：中国统计出版社，2010．

［39］李江帆、毕斗斗．国外生产服务业研究述评［J］．外国经济与管理，2004（11）：16－25．

［40］李冠霖．第三产业投入产出分析——从投入产出的角度看第三产业的产业关联与产业波及特性［M］．北京：中国物价出版社，2002．

［41］李小平，朱钟棣．中国工业行业的全要素生产率测算——基于分行业面板数据的研究［J］．管理世界，2005（4）：56－64．

［42］李广众，Lan P. Voon．实际汇率错位、汇率波动性及其对制造业出口贸易影响的实证分析——1978～1998年平行数据研究［J］．管理世界，2004（11）：22－28．

［43］李善同，高传胜．中国生产者服务业发展与制造业升级［M］．上海：上海三联书店，2008．

［44］刘辉煌，任会利．生产者服务进口影响制造业国际竞争力的中介效应研究［J］．经济与管理，2010（8）：10－13．

［45］刘斌，魏倩，吕越，祝坤福．制造业服务化与价值链升级［J］．经济研究，2016（3）：151－162．

［46］吕政，刘勇，王钦．中国生产性服务业发展的战略选择——基于产业互动的研究视角［J］．中国工业经济，2006（8）：5－12．

［47］马凤华，李江帆．生产服务业与制造业互动研究述评［J］．经济管理，2008（17）：92－96．

［48］彭水军，李虹静．中国服务业发展悖论——基于服务需求视角的实证分析［J］.2014（4）：24－33．

［49］钱学锋，王胜，黄云湖，王菊蓉．进口种类与中国制造业全要素生产率［J］．世界经济，2011（5）：3－25．

［50］邱晓欢，黄建忠．生产者服务贸易与贸易结构提升：基于中国的经验分析［J］．国际贸易问题，2011（4）：75－83．

［51］尚余力．我国生产性服务业的界定及其行业分类除探［N］．首都师范大学学报，2008（3）：87－94．

［52］尚涛，陶蕴芳．中国生产性服务贸易开放与制造业国际竞争力

关系研究——基于脉冲响应函数方法的分析 [J]. 世界经济研究，2009 (5)：52 – 58.

[53] 沈利生，吴振宇. 出口对中国 GDP 增长的贡献——基于投入产出表的实证分析 [J]. 管理世界，2003 (11)：33 – 41.

[54] 沈利生，唐志. 对外贸易对我国污染排放的影响——以二氧化硫排放为例 [J]. 管理世界，2008 (6)：21 – 29.

[55] 宋雅楠，郭根龙. 自然人流动对中国双边贸易的影响效应——基于引力模型的实证分析 [J]. 2008 (24)：19 – 22.

[56] 唐强荣，徐学军，何自力. 生产性服务业与制造业共生发展模型及实证研究 [J]. 南开管理评论，2009 (3)：20 – 25.

[57] 汪德华，张再金，白重恩. 政府规模、法制水平与服务业发展 [J]. 经济研究，2007 (6)：51 – 64.

[58] 魏作磊，胡霞. 发达国家服务业需求结构的变动对中国的启示：一项基于投入产出表的比较分析 [J]. 统计研究，2005 (5)：32 – 36.

[59] 王英. 中国货物贸易对服务贸易的促进作用——基于服务贸易引力模型的实证分析 [J]. 世界经济研究，2010 (7)：45 – 48.

[60] 卫迎春，李凯. 我国制造业国际市场竞争力的发展趋势及其决定因素的实证分析 [J]. 国际贸易问题，2010 (3)：99 – 104.

[61] 吴延兵，米增渝. 创新、模仿与企业效率——来自制造业非国有企业的经验证据 [J]. 中国社会科学，2011 (4)：77 – 94.

[62] 徐建国. 人民币贬值与服务业停滞 [J]. 世界经济，2011 (3)：3 – 20.

[63] 许宪春. 中国国内生产总值核算中存在的若干问题研究 [J]. 经济研究，2000 (2)：10 – 16.

[64] 许宪春. 中国服务业核算及其存在的问题研究 [J]. 经济研究，2004 (3)：20 – 27.

[65] 夏杰长，刘奕，顾乃华. 制造业的服务化和服务业的知识化 [J]. 国外社会科学，2007 (4)：8 – 13.

[66] 许统生，黄静. 中国服务贸易的出口潜力估计及国际比较——基于截面数据引力模型的实证分析 [J]. 南开经济研究，2010 (6)：123 –

136.

［67］徐建国．人民币贬值与服务业停滞［J］．世界经济，2011
（3）：3－20.

［68］徐学军，冯骥龙，何来刚．基于交易成本的制造业与生产服务
业共生模式［J］．科技管理研究，2007（9）：171－173.

［69］肖瑶．基于引力模型的中国双边服务贸易情况分析［J］．对外
经贸，2012（9）：19－21.

［70］杨玲，郭羽诞．中国生产性服务业与国际贸易关联度的理论与
实证研究［J］．经济学家，2010（4）：39－46.

［71］杨玲．生产者服务业对"中国制造"转型的效用研究［J］．国
际商务——对外经济贸易大学学报，2012（1）：91－98.

［72］原毅军，耿殿贺，孔乙明．技术关联下生产性服务业与制造业
的研发博弈［J］．中国工业经济，2007（11）：80－87.

［73］喻国伟，苏敬勤．基于知识视角的制造企业与生产者服务组织
共生关系分析［J］．大连理工大学学报（社会科学版），2008（1）：29－
33.

［74］甄峰，顾朝林，朱传耿．西方生产性服务业研究述评［J］．南
京大学学报（哲学、人文科学、社会科学），2001（3）：31－38.

［75］张友国．经济发展方式变化对中国碳排放强度的影响［J］．经
济研究，2010（4）：120－133.

［76］张如庆．生产者服务进口对制成品出口技术结构的影响［J］．产
业经济研究，2012（5）：45－53.

［77］赵永亮，张捷．工业与服务业非均衡发展研究：服务业会走向
Baumol陷阱吗？［J］．财贸经济，2011（6）：100－106.

［78］朱英杰．融资约束、生产率与异质性企业的出口竞争力——微
观基础的中国经验考察［J］．世界经济研究，2012（9）：57－65.

［79］植草益．信息通讯业的产业融合［J］．中国工业经济，2001
（2）：24－27.

［80］周燕，郑甘澍．货物贸易与服务贸易：总量互补与差额替代关
系［J］．亚太经济，2007（2）：93－96.

［81］周念利．基于引力模型的中国双边服务贸易流量与出口潜力研究［J］．数量经济技术经济研究，2010（12）：67 –79．

［82］周振华．产业融合：产业发展及经济增长的新动力［J］．中国工业经济，2003（4）：46 –52．

［83］郑吉昌，夏晴．现代服务业与制造业竞争力关系研究［J］．财贸经济，2004（9）：89 –93．

［84］郑京海，胡鞍钢．中国改革时期省际生产率增长变化的实证分析（1979 ~2001 年）［J］．经济学季刊，2005（2）：263 –296．

［85］Antras P. and Helpman E. Global sourcing［J］. Journal of Political Economy, 2004, 112（3）: 552 –580.

［86］Aronald, J. , Javorcik, B. S. and Mattoo, A. The productivity effects of service liberalization: Evidence from the Czech Republic［Z］. World Bank Working Paper, 2006.

［87］Aronald, J. , Javorcik B. S. and Mattoo, A. Does service liberalization benefit manufacturing firms? ［J］. Journal of International Business, 2011（1）: 136 –146.

［88］Aviat, A. and Coeurdacier, N. The geography of trade in goods and asset holdings［J］. Journal of International Economics, 2007, 71（1）: 22 –51.

［89］Alcántara, V. and Padilla, E. Input-output subsystems and pollution: An application to the service sector and CO_2 emissions to spain［J］. Ecological Economics, 2009（68）: 905 –914.

［90］Banga, R. and Goldar, B. Contribution of services to output growth and productivity in Indian manufacturing: pre and post reforms［Z］. NBER Working Paper No. 139, 2004.

［91］Baumol W. J. Macroeconomics of Unbalanced Growth: the Anatomy of Urban Crisis［J］. American Economic Review, 1967, 57: 415 –426.

［92］Bhagwati, J. N. Splintering and disembodiment of services and developing countries［J］. The World Economy, 1984（7）: 133 –144.

［93］Blyde, J. , Sinyavskaya, N. The impact of liberalizing trade in services on trade in goods: an empirical investigation [J]. Review of Development Economics, 2007, 11 (3): 566 – 583.

[94] Baldwin, R. and Nicoud, F. R. Trade-in-goods and trade-in-tasks: An Integrating Framework [Z]. NBER Working Paper No. 15882, 2010.

[95] Burgess, D. F.. Services as intermediate goods: the issue of trade liberalization [J]. The Political Economy of International Trade: Basil Blackwell, Cambridge, 1990: 122 – 139.

[96] Clark C.. The Conditions of Economic Progress [M]. London Mcmillan, 1940.

[97] Channey, T.. Distorted gravity: heterogeneous firms, market structure and the geography of international trade [Z]. Manuscript, MIT, 2005.

[98] Chenery H. B. Growth and Transformation. Industrialization and Growth [M]. New York: Oxford University Press, 1986.

[99] Curtis D., Murthy, K.. Economic Growth and Restructuring: A Test of Unbalanced Growth Models [J]. Applied Economics Letters, 1998, 15 (12): 777 – 780

[100] Coffey, W. J. Producer services research in Canada [J]. Professional Geographer, 1995 (1): 74 – 81.

[101] Deardorff, A. V. Comparative Advantage and International Trade and Investment in Services [M]. Department of Economics, University of Western Ontario, 1984.

[102] Deardorff, A. V. International provision of trade services, trade, and fragmentation [J]. Review of International Economics, 2001, 9 (2): 233 – 248.

[103] Djajic, S. and Kierskowski H. Goods, services and trade [J]. Economica, 1989, 56 (221): 83 – 95.

[104] Ethier, W. J. National and international return to scale in the modern theory of international trade [J]. American Economic Review, 1982 (6): 389 – 405.

[105] Feenstra, R. C. and Hanson, G. H. Globalization outsourcing and

wage inequality [J]. American Economic Review, 1996, 86 (2): 20 – 245.

[106] Fuchs, V. R. The service economy [Z]. Columbia University Press, 1968.

[107] Francois, J. F. Trade in producer services and returns due to specialization under monopolistic competition [J]. Canadian Journal of Economics, 1990 (23): 109 – 204.

[108] Francois, J. F. The role of services in the structure of production and trade: stylized facts from a cross-country analysis [J]. Asia – Pacific Economic Review, 1996 (2): 35 – 43.

[109] Francois, J. F. The next WTO round: north-south stakes in new market access negotiations [Z]. Adelaide: Centre for International Economic Studies, 2001.

[110] Francois, J. F. , Meijl, H. V. and Tongeren, F. V. Economic benefits of the Doha Round for the Netherlands [Z]. Report submitted to the Ministry of Economic Affairs, 2003.

[111] Francois, J. F. , Grier, K. B. and Nelson D. Globalization, roundaboutness, and Relative Wages [Z]. Centre for Economic Policy. Research discussion paper No 4406, 2004.

[112] Francois, J. F. and Woerz, J. Producer services, manufacturing linkages and trade [J]. Compet Trade, 2008 (8): 199 – 299.

[113] Francois, J. F. and Manchin, M. Services linkages and the value-added content of trade [Z]. Policy Research Working Paper No. 6432, 2012.

[114] Freund, C. and Weinhold, D. The internet and international trade in services [J]. American Economic Review, 2002, 92 (2): 236 – 240.

[115] Grossman, G. M. Trading tasks: a simple theory of offshoring [J]. American Economic Review, 2008, 98 (5): 1978 – 1997.

[116] Griliches Z. Output Measurement in the Service Sectors [Z]. NBER Studies in Income and Wealth, University of Chicago Press, 1992.

[117] Goodman, B. and Steadman, R. Services: business demand rivals consumer demand in driving growth [J]. Monthly labor Review, 2002, 125: 3.

[118] Grunfeld, L. and Moxnes A. The intangible globalization: explaining patterns of international trade in services [Z]. Norwegian Institute of International Affairs Paper, 2003, No. 657.

[119] Guerrieri, P. and Meliciani, V. Technology and international competitiveness: The interdependence between manufacturing and producer services [J]. Structural Change and Economic Dynamics, 2005 (16): 489 – 502.

[120] Helpman, E., Melitz, M. and Rubinstein Y. Estimating trade flows: trading partners and trading volumes [J]. The Quarterly Journal of Economics, 2008, 123 (2): 441 – 487.

[121] Helpman, E. and Krugman, P. R. Market structure and foreign trade: increasing returns, imperfect competition and the international economy [M]. Cambridge: The MIT press.

[122] Hoekman, B. and Braga, CAP. Protection and trade in services: a survey [J]. Open Economies Review, 1997, 8 (3): 285 – 308.

[123] Hoekman, B. The general agreement on trade in services: doomed to fail? And does it matter? [J] Journal of Industry. Competition and Trade, 2008 (8): 295 – 318.

[124] Helpman, E., Melitz, M. J. and Yeaple, S. R. Exports versus FDI with heterogeneous firms [J]. American Economic Review, 2004, 94 (1): 300 – 316.

[125] Hopenhayn, H. A. Entry, exit, and firm dynamics in long run equilibrium [J]. Econometrica, 1992 (a), 60, 1127 – 1150.

[126] Hopenhayn, H. A. Exit, Selection, and the Value of Firms [J]. Journal of Economic Dynamics and Control, 16, 621 – 653.

[127] Javorcik, B. S. Does foreign direct investment increase the productivity of domestic firms?

[128] In Search of spillovers through backward linkages [J]. American Economic Review, 2004, 94 (3): 605 – 627.

[129] Katouzian M. A. The Development of the Service Sector: A New Approach [J]. Oxford Economic Papers, 1970, 22 (3): . 362 – 382.

[130] Kaldor N. Causes of the Slow Rate of Growth of the United Kingdom [M]. Cambridge University Press, 1966.

[131] Kei – Mu Yi. Can vertical specialization explain the growth of world trade [J]. The Journal of Political Economy, 2003, 111 (1): 52 – 102.

[132] Keeble D. , Nacham L. Why Do Business Service Firms Cluster? Small Consultancies, Clustering and Decentralization in London and Southern England [J]. Transactions of the Institute of British Geographers, 2010, 27 (1): 67 – 90.

[133] Kimura, F. and Lee, H. – H. The gravity equation in international trade in services [Z]. Paper presented at the European Trade Study Group Conference, 2004.

[134] Kox, H. and Lejour, A. Regulatory heterogeneity as obstacle for international services trade [Z]. CPB Discussion Paper, 2005, No. 49.

[135] Kuznets S. Quantitative Aspects of the Economic Growth of Nations. II : Industrial Distribution of National Product and Labor Force [J]. Economic Development and Culture Change, 1957, 5 (4): 1 – 111.

[136] Lennon, C. Trade in services and trade in goods: differences and complementaries [Z]. NBER Working Paper, 2006.

[137] Lejour, A. and de Paiva Verheijden, J. W. The tradability of services within Canada and European Union [J]. The Service Industries Journal, 2007, 27 (4): 389 – 409.

[138] Leontief W. W. The Structure of the American Economy 1919 ~ 1939 [M]. Oxford University Press, 1951.

[139] Macpherson, A. Producer service and industrial innovation: results of a twelve-year tracking study of New York States manufacturers [J]. Growth and Change, 2008, 39 (1): 1 – 23.

[140] Markusen, J. R. Modeling the offshoring of white-collar services: from comparative advantage to the new theories of trade and FDI [J]. NBER Working Paper No. 11827, 2005.

[141] Markusen, J. R. Trade in producer services and in other specialized

intermediate inputs [J]. American Economic Review, 1989 (3): 85 – 95.

[142] Markusen, J. R. and Venables A. J. The theory of endowment, intra-industry and multi-national trade [J]. Journal of International Economics, 2000, 52 (2): 209 – 234.

[143] Marrewijk, C. V., Stibora J., et. al. Producer services, comparative advantage and international trade pattern [J]. Journal of International Economics, 1997 (1): 195 – 220.

[144] Mary, A. and Wei, S. J. Service offshoring and productivity: evidence from the United States [J]. NBER Working Paper No. 11926, 2006.

[145] Mazumdar, J. and Reichert, U. N. Services trade and export competitiveness: an empirical analysis [EB/OL]. http: //www4. fe. uc. pt/eefs/abstracts/nair – 54. pdf, 2005.

[146] Melvin, J. R. Trade in producer services: a Heckscher Ohlin approach [J]. Journal of Political Economy, 1989, 97 (5): 1180 – 1196.

[147] Melitz, M. J. The impact of trade on intra-industry reallocations and aggregate industry productivity [J]. Econometrica, 71 (6): 1695 – 1725.

[148] Miguel Ángel Tarancón Morán, Pablo del Río González. A combined input-output and sensitivity analysis approach to analyse sector linkages and CO_2 emissions [J]. Energy Economics, 2007, 29 (3): 578 – 597.

[149] Nordas, H. K. Trade in goods and services: two sides of the same coin? [J]. Economic Modelling, 2010, 27: 496 – 506.

[150] Nicoletti, G., Golub, S., Hajkova, D., Mirza, D. and Yoo, K. – L. Policies and international integration: influences on trade and foreign direct investment [Z]. OECD Working Paper, 2003, No. 359.

[151] Nicoud, R. Offshoring of routine tasks and deindustrialization: threat or opportunity-and for whom? [J]. Journal of Urban Economics, 2008, 63: 517 – 535.

[152] Park, S. H. and Chan, K. S. A Cross-country Input-output Analysis of Intersectoral Relationships between Manufacturing and Services and Their Employment Implications [J]. World Development, 1989, 17 (2): 199 – 212.

［153］ Park, S. C. Measuring tariff equivalents in cross-border trade in services ［Z］. Korea Institute for International Economic Policy Working Paper, 2002, No. 02 - 15.

［154］ Piermartini, R.. and Teh R.. Demystifying modelling methods for trade policy ［J］. Discussion Paper No. 10, WTO（World Trade Organization）, Geneva, 2005.

［155］ Pugno M. The Service Paradox and Endogenous Economic Growth ［J］. Structural Change and Economic Dynamics, 2006, 17（1）: 99 - 115.

［156］ Riddle, D. I. Service-led growth: the role of the service sector in the world development ［M］. Praeger, New York, 1985.

［157］ Singleman J. From Agriculture to Service: The Transformation of Industrial Employment ［M］. Beverly Hills, CA: Sage Publications, 1978.

［158］ Triplett J. E. , Bosworth B. P. Productivity Measurement Issues in Services Industry: Baumol's Disease Has Been Cured ［J］. Economic Policy Review, 2003, 9: 23 - 33.

［159］ Walsh, K. Trade in services: does gravity hold? A gravity model approach to estimating barriers to services trade ［Z］. IIIS Discussion Paper, 2006.

［160］ Yeaple, S. R. Offshoring, foreign direct investment, and the structure of U. S. trade ［J］. Journal of the European Economic Association, 2006 （4）: 602 - 611.

后　记

本书是我的博士学位论文并在后续研究的基础上修订而成的。在此书稿完成之际，向所有在我读博士期间以及专著写作过程中给予我帮助和支持的老师、同学、朋友、家人以及同事致以诚挚的敬意。

感谢我的博士生导师彭水军教授，从研究方向的确定、论文的选题、研究框架的设定，到研究方法的推敲以及理论和经验模型的设计，彭老师均给予了悉心指导。彭老师是我的本科毕业论文指导老师，同时也是我硕士研究生期间的导师，在厦门大学读书期间，能够长期得到彭老师的指导和帮助，感到十分幸运。这些年，在彭老师的耐心指导和帮助下，我学会了如何主动思考、如何谋篇布局，乃至如何驾驭模型和文字。除了严格的科研训练，彭老师踏实、严谨的治学态度深深地影响着我，论文一遍一遍地修改、斟酌的过程促使我摒弃浮躁和急功近利的心态，真正认认真真地去做一件事，也感受到了由此而来的踏实和喜悦。即便毕业后，在写论文和申报课题的过程中，依然能够得到彭老师来自学术方面高屋建瓴的指导和启发，令我十分感恩。想要做好学术不容易，需要认真的态度、坚定的信念、正确的方向以及强大的执行力，这几年，我一直在为此不断努力着，也在不断地与那个习惯拖沓、学习意志薄弱的自己斗争。而彭老师则在我的学术之路上树立了一面旗帜、一杆标杆，让我坚持严谨、不忘初心，更不可懈怠。

同时，感谢我的同门——孙志娜、张文城、洪丽明、曹毅、郑晖智以及硕士的学弟学妹们，我们共同探讨，互相分享。"三人行，必有我师。"在这个团队中，我看到了志娜学姐的坚持、文城学弟的积极笃定、丽明的吃苦韧性还有曹毅的生活趣味等等，这些都让我受益颇多，有时我们更像积累了深厚革命情谊的战友。即便现在，我们分隔在不同城市，还依旧惺惺相惜。

感谢我的父母给了我一个幸福温馨的家庭，让我快乐地成长，在我长大后，不管是选择大学、选择人生伴侣，抑或是选择工作，父母总是无条件地相信我、支持我的选择，让我可以没有任何后顾之忧地走自己的路，选择自己的人生。他们给我的是满满的理解、支持和爱，从不给我任何负担。我想，在今后的日子里，是自己要更多地去承担和回馈的时候了。感谢我的伴侣苏伟峰，他陪伴我度过了最难熬的博士生涯，见证了我的成长，对于我固执的坚持也给予了最大的理解和支持。有时，他是我的眼睛，让我看到了高校外面的世界，也让我审视自身的不足。

感谢我的好朋友们——李慧丽、刘俏、刘小兰、刘爱兰、江春萍、蒋风蕾、王爽、肖楠、陈惠娜。朋友间的相互吐槽、相互倾诉给生活添加了丝丝暖意；低谷时，朋友间的一句鼓励、一个电话或者一个举动让人倍感温馨；关键时候的互相提醒和帮助也让我们共同成长。她们有些与我同在一个城市，而有些在不同的城市甚至不同的国家，在我眼中，每一个"她"都是独一无二的，我们各自在自己的生活轨迹中努力绽放着，同时也互相温暖着。

感谢闽南师范大学外国语学院院长吴玉玲、副院长苏建华以及翻译与商务英语系主任钟惠芸对我在出版学术专著期间给予的帮助和大力支持。

本书的最终定稿及如期出版，离不开经济科学出版社刘莎编辑的辛勤劳动，在此表示衷心感谢。

本书获得闽南师范大学学术著作出版基金资助，同时还受到福建省社会科学规划项目（FJ2016C144）的资助，在此一并表示感谢。

李虹静

2018 年 7 月